Union Deutsche Verlagsgesellschaft

Bibliothek der Unterhaltung und des Wissens

Union Deutsche Verlagsgesellschaft

Bibliothek der Unterhaltung und des Wissens

ISBN/EAN: 9783741169281

Hergestellt in Europa, USA, Kanada, Australien, Japan

Cover: Foto ©Andreas Hilbeck / pixelio.de

Manufactured and distributed by brebook publishing software (www.brebook.com)

Union Deutsche Verlagsgesellschaft

Bibliothek der Unterhaltung und des Wissens

Zu der Novellette „Die Frau des Arztes" von Friedrich Thieme (S. 73)
Originalzeichnung von Richard Mahn.

Bibliothek der Unterhaltung und des Wissens

Mit Original-Beiträgen
der hervorragendsten Schriftsteller und Gelehrten
sowie zahlreichen Illustrationen

Jahrgang 1901 • Zehnter Band

Stuttgart • Berlin • Leipzig
Union Deutsche Verlagsgesellschaft

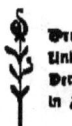

Druck der
Union Deutsche
Verlagsgesellschaft
in Stuttgart

Inhalts-Verzeichnis.

	Seite
Ich will. Roman von Hedwig Schmeckebier-Erlin (Fortsetzung)	7
Die Frau des Arztes. Novellette von Friedrich Chleme. Mit Illustrationen von Richard Mahn.	66
Der „Meistertrunk" in Rothenburg. Ein Pfingstausflug von Rudolf Felger. Mit 17 Illustrationen.	84
Der Schimmel des Sultans. Militärhumoreske von U. v. Lychdorff	107
Die elektrische Zentralbahn in London. Technische Skizze von Otto Häussler. Mit 6 Illustrationen.	152
Deutschlands Bollwerk in der Nordsee. Ein Besuch auf Helgoland. Von Hans Scharwerker. Mit 6 Illustrationen.	167
Erwacht. Novelle von Otto Behrend	185
Im Reiche der Süssigkeiten. Ein technisches Kapitel von Ernst Montanus. Mit 6 Illustrationen.	202
Mannigfaltiges:	
Ein Blick hinter die Kulissen eines Pariser Heiratsbureaus	214

Inhalts-Verzeichnis.

Neue Erfindungen:
   I. Das Pianola . . . .
       Mit Illustration.
  II. Verbesserungen der Monierbauweise .
       Mit Illustration.
 III. Kehrichtschaufel mit Staubfänger .
       Mit Illustration.

Die Liebesprobe . . . .
Alles in Feld und Wald lebende Getier . .
Die Brüder des Kaisers von China . .
       Mit Illustration.
Ein tüchtiger Geschäftsmann . . . . . .
Die Booksbeutelei . . . .
Richard III. im Manöver . . . .
Zeichen der Zivilisation . . . .
       Mit Illustration.
Ein seltsames Korrespondenzmittel . . . .
Geschäftliches Unglück einer grossen Sängerin
Die Hundebellmethode . . . .
Auch eine Werbung . . . .
Die getäuschten Erben . . . .
Ein verhängnisvoller Irrtum . . . .
Der dekorierte Hanswurst . . . .

Ich will.

Roman von Hedwig Schmeckebier-Erlin.

(Fortsetzung.) (Nachdruck verboten.)

„Ja, es gab wieder einmal eine Scene zwischen Ramhorst und mir," gab Irmgard auf die bekümmerte Frage ihres Bruders zu. „Er hatte gestern wieder auswärts soupiert und so viel ausgegeben, da mahnte ich ihn, doch an Hans zu denken; der arme Junge ist ja mal bettelarm, bekommt schon jetzt so gut wie gar keine Zulage. Und was hat er mir geantwortet? Ich hätte kein Recht, in seine Angelegenheiten hineinzureden, meine Mitgift bringe er ja nicht durch. — O Robert, Robert," abermals aufschluchzend drückte sie das Taschentuch ans Gesicht, „wie ist doch für eine Frau eine Ehe ohne Liebe fürchterlich! Hätte ich das gewußt — aber ich war siebzehn Jahre alt, als er um mich anhielt, und mich beriet keiner — eine arme Offizierstochter hat ja auch keine Wahl."

„Du hast's wohl wieder mal zu schlimm genommen, Irmgard, wie?" Im Bemühen, sie zu trösten, schlug der Doktor einen leichteren Ton an und zog ihr das Taschentuch vom Gesicht. „Ramhorst hat doch auch seine guten

Seiten. Ihr Frauen seid leicht gar zu empfindlich. Denk'
daran, welch einen prächtigen Jungen du hast, dann
kannst du doch gar nicht traurig sein."

„Hans macht mir auch Sorgen," seufzte die Majorin
ein wenig ruhiger. „Seine Briefe klingen so schwermütig,
als fehle ihm etwas. Dann möchte er schon wieder nach
Hause kommen —"

„Na, so laß ihn doch kommen, wenn er Urlaub kriegt,"
fiel der Doktor ein, worauf seine Schwester energisch das
Haupt schüttelte.

„Nein, das geht nicht. Ich bitte dich, Robert, die
unnützen Reisen von Robenstadt nach Arberg kosten doch
Geld. Außerdem soll er auch solch Muttersöhnchen nicht
sein, den's friert, wenn er nicht daheim ist."

Der Doktor hob den bunklen Kopf und lächelte —
sein ernstes, kluges, vornehmes Lächeln.

„Du irrst dich, liebe Irmgard," sagte er bestimmt,
„der Hans hat kein Talent zum Muttersöhnchen, zur
Rankenpflanze. Ein goldiger Schwärmer ist's, und seiner
mag noch manche Gefahr im Leben warten, noch mancher
Sturm, aber er wird stets als Baum darinnen stehen
und eher brechen als biegen. Wir wollen also den jungen
Mann diesmal nicht kommen lassen, sondern ihm hundert
Mark schicken, dann wird der Kummer seiner zwanzig
Jahre schon gehoben sein, denke ich."

„Du Liebster, Bester!" Rührung und Zärtlichkeit in
den verweinten Augen, sah sie ihm tief und dankbar in
die seinen, die hell und zärtlich auf ihr ruhten.

Dann sagte sie langsam: „Gott schütze dich und dein
warmes Herz!"

Fünftes Kapitel.

„Lesen Sie doch die häßlichen Briefe nicht immer wieder, Adelheid, Sie verderben sich nur die Stimmung.

„Kommen Sie lieber mit ins Atelier hinüber, ich hab'
noch ein paar Striche zu thun."

„Danke, Fräulein Regine, aber ich bleibe gern ein
Weilchen allein."

„Also, wie Sie wollen."

Dem goldhaarigen Kopfe am Fenster des altväterisch
möblierten, gemütlichen Wohnzimmers freundlich zunickend,
schritt Regine Erhard in den Nebenraum, Atelier genannt,
den bereits zwei menschliche Wesen in merkwürdigen Ko-
stümen bevölkerten. Auf dem Mallritt saß ein Tiroler
Dirndel von kleiner, zierlicher Gestalt, mit flachsblonden
Zöpfen und Augen, so blau wie ein Gebirgssee. Sie
hatte eine Zither im Schoß und klimperte darauf, dazwischen tönten die Silberglöckchen ihres Lachens. Vor
ihr aber stand ein schwarzlockiger Jüngling mit wild-
rollenden Augen, wilden Gebärden und einer rotkarierten
Tischdecke nach Hidalgoart über die Schulter drapiert.

„Mir war's, als hört' ich auf einer Laute spielen, und
Laute, Laute, die lieb' ich bis zur Raserei," bellamierte
der Schwarzlockige voll Pathos und Düsterheit.

„Mein Vater ist ein Appenzeller
Und frißt den Käs mitsamt dem Teller —"

läuteten die Silberglöckchen der Flachshaarigen zur Antwort.

„Lieber Ottomar, die Tischdecke hat zehn Mark gekostet," klang da ein Mißton in das liebliche Duett,
„wenn du sie deinem Kostümschatze einverleiben willst, so
hab' ich nichts dagegen, falls du gerade die zehn Mark
dafür bei dir hast."

„Besonders tief und voll Empörung
Fühlt man die pekuniäre Störung —"

Mit diesem schwermütigen Citat wandte der betisch-
deckte Spanier sein Haupt der „Störung" zu, die in hoch-

ragender, breiter Walkürengestalt die halbe Thürbreite
bedte, Regine Erhard hieß und sich abmühte, das Lachen
in ihrem Gesicht mit dem Anstandsröckchen strenger Falten
zu bekleiden.

„O, ihr Zigeuner! Nicht den Rücken darf man wen«
den, dann wird Unfug getrieben."

„Ernst ist das Leben, teure Schwester, doch ewig
heiter bleibt die Kunst."

„Die beine, jawohl. Sie scheint mir sogar sehr heiter
zu sein. Hier" — Regines Rechte hielt ein Stößchen
verschiedenfarbiger Karten und Briefe in die Höhe — „der
Postbote war eben draußen und brachte diese kleine La»
dung für Herrn Ottomar Erhard, Hofschauspieler, per
Abresse Fräulein Erhard, Malerin —"

„Drei Treppen, Mansarde," vollendete der Hibalgo
tiefsinnig und griff mit großartiger Geste nach dem Brief=
bündel. „Aber in Spanien, in Spanien, da waren es
hundert und drei."

Die gestrengen Falten decken das mutwillige Zucken
in der Schwester Antlitz nicht mehr, und sie lacht nun
frei heraus, begleitet von dem hellen Gekicher des Tiroler
Dirndels.

„Annette, du Nette, Abrette, Rolette —"

„Bitte," antwortete das Flachsköpfchen, schnippisch das
Grübchenkinn hochziehend, „wir siezen uns noch."

„Noch! Doch soll es ewig; ewig also bleiben?"

Ein rollender Augenaufschlag zum Schicksal empor und
dann laufen des imitierten Spaniers sprühende Blicke
über die inzwischen geöffneten Briefe hin, deren bunt=
farbene Umschläge gleich Blumenblättern den Boden be«
decken.

„Die Anna, die Minna, die Lina, die Emma —"
Und auf einmal ballte er die sämtlichen zärtlichen Schreiben
der Linas, Minnas, Emmas und Annas zu einem Knäuel

zusammen und schleuderte ihn an die Zimmerdecke, wobei er seiner Schwester zurief: „Du Regine, die Gänse von Arberg möchten samt und sonders Malstubien bei dir nehmen."

Jetzt verfinsterte sich das gutmütige, treuherzige Gesicht Reginens wirklich, und sie sagte heftiger, als es sonst ihre Art war: „Ja leider, aber nicht meinetwegen und nicht der Kunst wegen, sondern beinetwegen. Und das paßt mir ganz und gar nicht."

„Aber erlaube mal," fiel der Schauspieler kopfschüttelnd ein, „ich wohne der Ehre wegen, mit dir unter einem Dache atmen zu dürfen, und in Ermangelung anderer Räumlichkeit in allernächster Nähe dieses Daches und habe zudem, um nur ja nicht einer deiner Schülerinnen über den Weg zu laufen, extraverschwiegenen Eingang durch den Garten. Wie können sie da also —"

Eine Handbewegung Reginens nahm ihm das Wort weg. „Du weißt es ja noch besser als ich selbst," sagte sie ruhig, „daß ich trotz alledem nur deinetwegen diesen enormen Zuwachs meiner Malstunden habe. Ich aber war bisher gewöhnt, ein Lebewesen für mich zu sein und nicht nur des Schauspielers Erhard Schwester, wie dies der Fall ist seit der Zeit, da du hier engagiert bist und von den jungen Dingern der Stadt angeschwärmt wirst, wie das wohl jedem Bühnenliebhaber ergeht."

„Jedem?" unterbrach sie der Spanier beleidigt, zog die Tischdecke fester um sich und wanderte mit großen Schritten im Zimmer auf und ab.

Regine war an ihre Staffelei getreten, zupfte die Malschürze im Gürtel loser, betrachtete kritischen Auges ihr Pastellporträt vom Tiroler Dirndel, fuhr ein paarmal durch das dunkle, störrische, kurzgeschnittene Haar und griff dann zum Stifte.

„Bitte, Annette, nimm deine Stellung wieder ein."

Das Flachsköpfchen kam der Aufforderung nach und bemühte sich, die unruhigen, lustigen Blauaugen auf den ihnen angegebenen Punkt zu konzentrieren. Sie hatte ein hübsches Gesicht, die siebzehnjährige Pflegebefohlene Reginens. Sonnenschein ging aus von allem, was sie that oder sagte, und wenn sie lachte, lachte ihre Umgebung mit. Sie war die Tochter eines armen, kindergesegneten, oberrheinischen Schullehrers, der mit Reginens Vater verdettert war und glückselig zugestimmt hatte, als nach dem Tode des alten Erhard Regine sich erbot, Annette, die sie von gegenseitigen Besuchen her liebgewonnen hatte, zu sich zu nehmen und sie etwas lernen zu lassen. Da die Malerin durch die von ihrem Vater übernommene Malschule genug für zwei verdiente, hatte sie die Verpflichtung, für die kleine Annette Sorge zu tragen, ruhig eingehen können. Die Kleine, die ein hübsches Talent zur Blumenmalerei hatte, machte ihr Freude durch ihre guten Fortschritte; mit dem einzigen, jüngeren Bruder, der seit der Wintersaison in Arberg engagiert war, verband sie innige Zuneigung, und so dünkte es der tapferen, arbeitsfrohen Regine, deren sechsunddreißigjähriges Herz nicht mehr nach Mannesliebe verlangte, als habe ihr das Schicksal alle billigen Wünsche an ein glückliches, zufriedenes Dasein erfüllt. Nach außen hin erfreute sie sich der Achtung und Aufmerksamkeit des besten Gesellschaftskreises, man schätzte sie sowohl als Persönlichkeit, wie als tüchtige Porträtmalerin.

Während sie jetzt eifrig den Stift handhabte, hatte Ottomar das bunte Briefknäuel wieder vom Boden aufgehoben, und dasselbe an die Lippen pressend schmachtete er: „Seid umschlungen, Millionen!"

Regine mußte lachen.

Und auch das Dirnbel lachte. „Wie ein Mädel nur so dumm sein kann und den da anschwärmen," sie

licherte ausgelassen, „den da, der sich zum Danke dafür
doch nur über alle lustig macht."

„Ueber alle — ach nein!" Der Schauspieler schüttelte
die Mähne von der Stirn und verdrehte die Augen.
„Ich liebe — aber — ich lieb' eine Blume und weiß
nicht welche. Doch halt!" — er warf sich in Positur —
„ich weiß! Ilse! — Ja, Ilse, die lieb' ich bis zur Ra=
serei!"

„Ilse Herder!?!" Annettchen lachte wie eine Spott=
drossel. „Nun, vor der wenigstens sind Sie sicher, die
schwärmt Sie nicht an, dazu ist die viel zu vernünftig."

„Drum eben lieb' ich sie!" dröhnte Ottomar.

„Je höher der Kirchturm,
Desto schöner 's Geläut —"

„Na, da müßten Sie mich ja ganz fürchterlich lieben,
denn ich schwärme noch weniger für Sie," nedte die
Kleine.

„Keine Regel ohne Ausnahme," versetzte schnell gefaßt
der Bühnenheld. „In diesem Falle, Annette, Adrette,
Kolette, sind Sie die Ausnahme —"

„Lieber Ottomar, ich möchte jetzt arbeiten, würdest du
dich nicht lieber ein wenig ins Nebenzimmer bemühen?"

„Zu Fräulein Adelheid?" meinte der Schauspieler be=
denklich. „Ich fürchte, meiner Seele leichteres Klingen
fände da nicht willigen Widerhall. Und um der Töne
tiefste anzuschlagen, dazu fehlt mir im Augenblick die
Stimmung. Drum wähl' ich lieber diesen Seitenweg."

Er verschwand durch eine Tapetenthür, die in das
kleine Schülerinnenwartestübchen der bescheidenen, nur aus
vier Zimmern bestehenden Parterrewohnung führte. —

Während sich im Atelier diese kleine Scene abspielte,
saß Adelheid und las wieder und wieder die Briefe, deren
Inhalt sie fast auswendig wußte.

Da war zunächst des Vaters Schreiben, das sie von ihm erhalten hatte, als Antwort auf ihre Mitteilung, daß sie noch in letzter Stunde alle Beziehungen zu Wendelburg abgebrochen habe, da sie unabwendbar gefühlt hätte, nicht in Gemeinschaft mit ihm leben zu können. Der Brief war furchtbar. Die Eltern sagten sich von ihr als von einer Pflicht- und Ehrvergessenen los, bis sie ihr Unrecht eingesehen hätte und reuig zu dem Manne zurückgekehrt sein werde, dem sie nun einmal angehöre. Man verweigerte ihr jede Hilfe und jede Unterstützung, und da sie keinen greifbaren Schuldbeweis gegen Wendelburg vorzubringen vermochte, verurteilte man sie schonungslos und schrieb ihrer Handlungsweise die niedrigsten Motive zu. An eine Nervenerkrankung glaubten die Eltern natürlich ebensowenig wie Wendelburg selbst, der nur, um jeder Blamage für sich vorzubeugen, Adelheid in eine Nervenheilanstalt gebracht und unter seinen Bekannten die schmerzliche Nachricht verbreitet hatte, seine geliebte, angebetete Frau sei auf der Hochzeitsreise plötzlich schwer nervenkrank geworden. Welch trauriges Geschick für einen jungen, liebenden Ehemann! Keiner konnte einem so schwer Getroffenen seine Teilnahme versagen. Daß er so gehandelt, hatte er Adelheid selbst mitgeteilt, auf ihre Weigerung hin, ihn weder sehen noch sprechen zu wollen. Er hatte ihr klar gemacht, in seinem so schwer durch sie geschädigten Interesse also handeln zu müssen, und ihre Antwort hatte gelautet, er möge thun, was ihm gut dünke, möge sie für geisteskrank erklären zu seiner Ehrenrettung, sie werde dem nicht widersprechen, wenn er sie nur in Frieden lassen wolle.

Doch seine Briefe, die ihr da im Schoße ruhten, redeten eine gegenteilige Sprache. Nicht ein einziges Mal klang in denselben ein Ton, der besagte, daß sie ihm wehe gethan — nein, sie waren nichts als der Ausdruck gemeinsten

Haſſes. Drohungen, ihr keine Ruhe zu geben, ihr den
ſtolzen Weg: Ich will mich durchringen — mit allen
Mitteln zu verlegen, zu denen ihm das Geſetz, vor dem
ſie ihm zugehörig ſei, ein Recht gab. Klar und deutlich
ſprach er es aus: „Hüte dich vor mir. Was du auch be-
ginnſt, wohin du dich auch wendeſt, ich ſtelle mich in
deinen Weg."

Und ſie wußte es, er würde ſein Wort halten. Noch
freilich ſchien er nicht erfahren zu haben, wohin ſie den
erſten Schritt auf dieſem Wege gethan, aber wie bald
würde er ihr nachgeſpürt, ſie entdeckt haben und dann —?

Es überlief Adelheid eiſig, und ſie fühlte, wie ſchwer
die Kette war, die ſie ſich um die Füße geſchmiedet, und
wie viel Kraft und Wollen es brauchte, trotz derſelben
mutig auf ihrem Pfade weiterzuſchreiten.

Ob ſie vielleicht doch ein Unrecht gethan, ſich ſo von
Wendelburg zu löſen, dieſe Erwägung kam ihr nicht einmal
in den Sinn, in ihr war kein Schuldbewußtſein wach
geworden. Gerade weil ihr der Bund der Ehe, der
zwei Menſchen in Liebe und Treue zuſammenbindet, ſo
hoch ſtand, dünkte es ihr Schmach und Sünde, dies
Bündnis zu leben mit einer ſteten Lüge im Herzen.
Wohl hätte ſie zu der Klarheit, die ihr jetzt ſo gebieteriſch
und unabweisbar gekommen war, ſich durchringen müſſen,
als es noch an der Zeit war, als ſie noch frei geweſen,
gewiß — doch ſoll jemand, der in Schwäche einen Irrtum
begangen, nun ein ganzes, langes Leben in dieſer
Schwäche ſich weiterſchleppen müſſen? Stand nicht die
Wahrheit über allem? Wahr ſein wollte ſie, vor der
Welt und vor ihrem Herzen! Und war's nicht, als ſei ihr
Thun geſegnet, war's ihr nicht über Erwarten leicht geworden, einen neuen Lebensweg zu finden und zu betreten?

Das Glück hatte ſie geführt, das Glück in Geſtalt
des prächtigen, lieben Weſens, das da ſoeben mit warmem

Lächeln und zwei entgegengestreckten Händen auf sie zutrat: Regine Erharb.

„Nun bin ich frei für Sie, Abelheid. Damit wir ungestört bleiben, hat Annette einen Gang in die Stadt machen müssen. So" — Regine rückte sich einen Stuhl an Abelheids Seite — „und nun sagen Sie mir zuerst, Kind, ob Sie bereit sind, bei Professors anzutreten. Haben Sie Ihren Koffer gepackt?"

Feucht stieg es in Abelheids Augen, als sie dieses Koffers gedachte, der ihre ganze kleine Ausstattung enthielt, die sie der Güte Reginens zum größten Teil verdankte. Alles, was sie von Wendelburg erhalten, hatte sie ihm zurückgestellt; mit einem Kleide nur und ein wenig Wäsche war sie zu der Malerin gekommen, und da hatten sie dann Tag und Nacht gesessen und ein paar billige Fähnchen zusammengeschneidert.

„Was thaten Sie alles für mich, was habe ich Ihnen alles zu danken!" rief sie voll überströmenden Gefühls.

„Ach, nun hören Sie doch endlich davon auf!" Beinahe heftig schob Regine die Hände beiseite, die wieder und wieder die ihren drückten. „Was that ich denn so Großes? Als in Baden Doktor Kraft, der vom ersten Augenblicke an, als der Herr Wendelburg Sie in seine Anstalt gebracht, lebhafte Sympathie für Sie gefaßt hatte, mich auf Sie aufmerksam machte, wohl mit dem leisen Wink: „Hier können Sie ein gutes Werk thun, hier helfen Sie mal, Erharden" — da sah ich mir zunächst die interessante Person, für die mein alter Freund, der Doktor, so energisch Partei ergriff, genauer an, dann hab' ich mir gesagt: die gefällt dir! Drauf kriegte ich den Mann zu Gesicht, um den sich's handelte, und in mir war's fertig und ich mußte: der hilfst du, wenn sie einen Menschen braucht. Das Helfen war nun bisher nicht schlimm. Sie waren vierzehn Tage mein Gast, wir bastelten Ihre Garberobe zusammen, und ich hatte das Glück, Herberts zu kennen, die gerade ein Fräulein suchten."

„Ja, aber was thaten Sie für mich, daß ich diese Stelle erhielt," fiel ihr Adelheid ins Wort; „ich, ohne jede Empfehlung, hätte ja nie eine Stellung erhalten, Sie aber gaben für mich Ihre Bürgschaft, Sie verschwiegen meine unselige Heirat, Sie —"

„Herrgott, ja, ich schwindelte in Ihrem Interesse flott drauf los, selbst vor meinem Bruder," über die großgeschnittenen Züge Reginens ging ein warmes Licht, „und ich that's mit gutem Gewissen. Ich weiß, daß ich einem tapferen Menschen vorwärts helfe, der meine Teilnahme vollauf verdient. Ihre Geschichte von vornherein Professors erzählen, wäre Thorheit gewesen. Dieselbe hätte dort möglicherweise kein rechtes Verständnis gefunden. Ihren Namen aber haben wir nicht gelogen, denn in der Thatsächlichkeit sind Sie noch Fräulein Augreß, nicht Frau Wendelburg. Professors suchten einen Menschen, der sich zur Gefährtin ihrer Tochter qualifizierte, den verschaffte ich ihnen — basta!"

„Aber ich weiß nicht," Adelheid sah Regine unsicher an, „mir ist es manchmal, als thäten Sie aus Ihrem warmen Herzen heraus Dinge, mir zuliebe, die ich nicht geschehen lassen dürfte, die Ihnen Unannehmlichkeiten bringen könnten. Vielleicht bin ich sogar strafbar mit dieser Unterschlagung der Wahrheit."

„Strafbar?" Regine zuckte leicht zusammen, dann fuhr sie auf. „Ich habe nicht jeden Paragraphen des bürgerlichen Gesetzbuches im Kopfe, aber mit der Strafbarkeit, die wir da etwa auf uns laden könnten, will ich's schon aufnehmen. Hat man Sie erst bei Herberts persönlich kennen und schätzen gelernt, so können Sie sich der Professorin selbst anvertrauen, für den Augenblick aber mußten Sie erst untergebracht werden. Na, und wenn das Schlimmste käme, daß er Sie aufspüre und Ihnen ernstlich Unannehmlichkeiten bereitete, so suchen wir eben etwas anderes. Möglicherweise läßt er Sie aber für die Zukunft in Ruhe, wie er es ja wohl gethan, seit er von Baden nach Hartenau abreiste."

Adelheid schüttelte den Kopf.

"Nun, auf jeden Fall würde er doch erst eine Weile suchen müssen, bevor er Sie auffindet. Außer Doktor Kraft, dem ich auch nur dunkle Andeutungen machte, um ihn Wendelburg gegenüber nicht zu belasten, weiß niemand um Ihren Aufenthalt, vorsichtshalber reisten wir nicht mal zusammen ab. Oeffentlich wird Sie Wendelburg nicht ausrufen lassen, dazu scheut er viel zu sehr das Gerede, wie mir scheint. Der Anstaltsarzt aber durfte Sie nicht gegen Ihren Willen zurückhalten, da er Sie nicht für krank erklären konnte. Also dürfte es wohl eine Zeit dauern, bis Ihr gegenwärtiger Aufenthalt herauskommt, zumal Arberg weit entfernt von Hartenau ist und der Kreis, in den Sie hineinkommen, außerhalb der gesellschaftlichen Beziehungen Wendelburgs liegen dürfte. Um die erste Zeit sorgen Sie sich also nicht, Kind. Was später geschieht, müssen wir abwarten, aber was auch komme, die Sympathien werden immer auf Ihrer Seite bleiben."

"Wessen setzen Sie sich alles aus um mich, Fräulein Regine, um einen fremden Menschen —"

"Sie wiederholen sich, liebe Adelheid," sagte die Malerin kurz und sah nach der Uhr. "Machen Sie sich lieber zurecht."

Adelheid hatte sich erhoben, ihr Antlitz strahlte in zärtlichster Bewegung, sie konnte nicht anders, sie warf sich Regine schluchzend an die Brust.

Und da hauchte die mit ihrer tiefen Stimme wundersam leise und zitternd über sie hin: "Bleib immer auf

beinem Wege und du hast einen Menschen, der dir treu
zur Seite steht, was auch kommen mag." —

Eine Stunde später stand Abelheid vor Frau Professor
Herbert und wurde nach liebenswürdiger Begrüßung mit
ihren Pflichten vertraut gemacht. Dann erschien Ilse.
Abelheid hatte dieselbe bisher nur einmal bei Regine in
Straßentoilette gesehen, um so überraschter war sie heut
vom Anblick der jungen Dame, die ihr in lachsfarbenem
Tuchschlafrock, das halblange, krause Haar auf griechische
Art hochgebunden, freundlichst entgegenkam und ihre man-
delförmigen, opalfarbenen Augen musternd über sie hin-
gleiten ließ.

„Ein seltsames Geschöpf," dachte Abelheid frappiert,
und ein Unbehagen, für das sie keine Worte, keinen Grund
gefunden hätte, kroch ihr langsam ins Herz hinein.

Ilse aber kniff die Augen noch einmal prüfend blin-
zelnd zusammen und sagte dann zufriedengestellt: „Kommen Sie, Fräulein, ich werde Ihnen Ihr Zimmer zeigen,
wir wohnen nebeneinander."

Dabei lächelte sie eigen, und ihre Gedanken spiegelten
sich in diesem Lächeln.

„Du bist hübsch, du bist jung, du siehst gescheit aus,
dir fallen Locken bis in Stirn und Wangen, das sieht
nicht nach Zimperlichkeit aus. Dich werd' ich gebrauchen
können."

Sechstes Kapitel.

Etwas über vierzehn Tage waren vergangen, seit
Abelheid ihre Stellung angetreten hatte, und, wäre zu-
meist nur die Professorin in Betracht gekommen, die ihr
vom ersten Augenblicke an freundliches Wohlwollen ent-
gegengebracht — ihr Gatte zählte kaum mit, da er fast
nur während der Tischstunden im Kreise seiner Familie

weilte — so hätte sie wohl Grund gehabt, sich in ihrem
Wirkungskreis behaglich und heimisch zu fühlen.

Aber sich heimisch fühlen an einem Orte, dies Glück
würde ihr wohl für lange hinaus versagt bleiben, mußte
sie doch stets mit der geheimen Furcht sich tragen, von
des Mannes Rache heimgesucht zu werden, der sich so
schwer von ihr beleidigt glaubte.

Bis jetzt hatte ja Wendelburg, vermutlich infolge der
Unkenntnis ihres Aufenthaltes, geschwiegen, aber wie lange
noch! Unaufhörlich gepeinigt von bangender Erwartung
fühlte sie, wie dieser Zustand feigen Sichversteckens, den
sie doch für den Augenblick nicht zu ändern vermochte,
ihr auf die Dauer unerträglich sein würde.

Dann war es auch noch ein anderes, das Abelheid ihren
Aufenthalt bei Professors verdunkelte — ihre Beziehungen
zur Tochter des Hauses, der sie keine Sympathien ent-
gegenzubringen vermochte, trotzdem sie den bestechenden
Reiz ihrer Persönlichkeit empfand. Besonders heute, wo
Ilse besonders liebenswürdig zu ihr gewesen war, vermochte Abelheid eine ausgesprochene Abneigung gegen sie
kaum zu unterdrücken.

Die Wohnung war festlich gerichtet und erglänzte in
Lichtfülle und Blumenschmuck. Es war seit langem wieder
die erste, große Gesellschaft, die Professors gaben, und
Abelheid war allein im Speisezimmer beschäftigt, an die
von der Professorin angegebenen Arrangements die letzte
Hand zu legen, als sie sich plötzlich von hinten umschlungen
fühlte und ihr schmeichelnd eine flüsternde Stimme ins
Ohr klang.

„Fräulein Abelheid, thun Sie mir einen Gefallen,
empfangen Sie auf Ihren Namen ein paar Briefe für
mich, aber verraten Sie mich nicht. Bis jetzt thats das
Hausmädchen, aber die zieht zum Ersten."

„Fräulein Ilse, wie können Sie . ."

Voll Schreck und Widerwillen hatte Adelheid den Kopf von der reizenden Verführerin zurückgebogen, die sie gar nicht aussprechen ließ, sondern sich mit ihren Schlangenbewegungen wieder an sie drängte.

„Es ist ja nur die allerharmloseste Geschichte, Fräulein Adelheid, eine Pensionsliebe, aber — ich weiß nicht, wie ich den Jungen jetzt wieder los werden soll, er ist zu allen möglichen dummen Streichen fähig, und da mag er mir denn schreiben, bis ich mich einmal verlobe."

„Mit ihm?" fragte Adelheid, die dunklen Augen tief in Ilses rätselvolle Züge versenkend.

Diese zuckte wegwerfend die Schultern. „Mit ihm — Unsinn! Er ist kaum älter als ich und hat nichts. Und ich muß doch zum mindesten einen wohlhabenden Mann heiraten, denn sehen Sie" — ihre beweglichen Hände deuteten auf die elegante Zimmerflucht vor ihnen — „all das ist nur hohes Einkommen, kein Reichtum. Ich habe ebensowenig wie Sie, Sie schöne, rothaarige Hexe mit den schwermütigen Schwarzaugen, die doch gewiß der Liebe schon tief in die Karten geschaut haben. Also" — mit bezwingendem Lächeln streckte sie ihr die Hand entgegen — „wollen Sie meine Verbündete, meine Freundin sein?"

Adelheid trat vor der dargebotenen Hand zurück.

„Ich bedaure, Fräulein Ilse, unter solchen Bedingungen auf Ihre Freundschaft verzichten zu müssen. Ihnen zu Willen sein, bedeutete einen Treubruch gegen Ihre Eltern."

Nur ein ganz kleiner Ruck war durch Ilses Gestalt gegangen, dann lachte sie hellauf, ein Funkeln in den verschleierten Augen, und übermütig in die Hände klatschend rief sie: „Sie sind schön hereingefallen! Alles Schwindel — ein bißchen auf die Probe stellen wollt' ich Sie! Sie haben famos bestanden, meine Hochachtung, Fräulein

Adelheid, mein Seelenheil konnte in keine besseren Hände kommen."

Was war das? Hohn? Adelheid starrte sprachlos auf Ilse, die lachend um die Tafel zu schleifen begann und nachschaute, in welcher Weise der Professor die Tischkarten verteilt hatte. Hin und her las sie laut einen der Namen: „Geheimrat Stockmann" — „Frau v. Ramhorst" -- sie stockte, ihre Stirn verfinsterte sich, ihre Lippen murmelten: „Mir gegenüber — das fehlte gerade!"

Eine Sekunde des Nachdenkens, dann hatte sie hurtig ein paar der Karten vertauscht und den von ihr beanstandeten Gast auf der anderen Tischseite plaziert.

Jetzt ging auch Adelheids Blick über die Aufschriften der Tischkarten hin, denen sie bisher noch keine Beachtung geschenkt. „Ilse" — las sie da vor sich auf der einen und daneben „Doktor Robert v. Sellen".

Zwei-, dreimal entzifferte sie den Namen, und jeder Atemzug stockte in ihr.

Doktor — nein! Es stimmte doch nicht — es konnte, es durfte nicht sein! Und bennoch — jeder Pulsschlag hämmerte es in ihre vergehenden Sinne: Er ist's, er ist's, wie er es schon einmal gewesen!

Er, der am Scheidewege ihres Lebens gestanden und, ohne es zu wissen, ihr Schicksal gelenkt hatte, er sollte heute —

Schwer stützte sie sich auf einen Sessel und blickte verstört umher — auf Ilse.

Ilse! Und wie ein Blitzstrahl durchflammte es sie: Ilse war's, die in Baden an seiner Seite geschritten war. Wo hatte sie ihre Sinne gehabt, das erst jetzt zu erkennen? Ilse! Hatte sie darum deren erster Anblick so betroffen? Nun wußte sie's, daß er kommen würde — um einer Ilse willen!

Es litt sie nicht im gleichen Raume mit ihr, die

länbelnb vor ihr hin und her lief, sie stürzte auf den
Flur hinaus.

———————————————————————

Die Gesellschaftsräume hatten begonnen, sich mit
Gästen zu füllen. Abseits von der bunten, plaudernden,
lachenden Menge stand Adelheid hinter dem Büffett, bereit,
Thee zu reichen, falls einer der Gäste noch vor dem
Souper ein Verlangen danach bezeigen sollte. Sie trug
ein weißes Kreppkleid einfachster Machart, ihr einziger
Schmuck war ihr goldenes Haar, das lief in die feine
Stirn hineinfiel. Sie war sehr blaß, die Kälte ihrer
Wangen gab ihr das Bewußtsein dafür, aber in den von
langen Wimpern verschleierten Augen brannte verhaltene
Glut. Sie sah nicht die interessanten Gelehrtenköpfe, die
eleganten Toiletten da im Saale, fühlte es nicht, wie
achtlos die Blicke an ihr vorbeiglitten und ihr besagten,
daß sie außerhalb der Gesellschaft stand. Nur ein Empfinden lebte in ihr: dort im Nebenzimmer, von dem
aus das Lachen und Scherzen der jungen Welt zu ihr
drang, da stand — er. Sie hatte ihn eintreten sehen
und heißen Blickes sein Bild in sich gesogen, um es zu
vergleichen mit dem, das sie in der Erinnerung getragen.

Er hatte sich verändert in den sieben Jahren. Seine
Gestalt war in den Schultern breiter, männlich kräftiger
geworden, die edelgeschnittenen Züge des dunkelhaarigen
Kopfes waren ausgereifter, geistig gehaltvoller, in seinen
Bewegungen war eine zwanglosere Leichtigkeit, aber unverändert war das warme, gütige Lächeln seines Mundes,
den der schwarze Schnurrbart nicht verdeckte, und unverändert vor allem waren seine Augen geblieben, diese hellen,
grauen Augen, die mit ihrem festen, klaren Blick das
ganze Gesicht beherrschten.

Und dieser klare Blick, wenn er heute auf sie traf,
würde er auch da sie nicht wiedererkennen?

In seltsam starrer Ruhe stand sie abwartend da. Kein wild aufgeregtes Hin und Her der Gefühle, nur wie ein stetig wiederkehrender Hammerschlag die Frage: „Wird er dich auch heute nicht wiedererkennen?"

„Nun, Sie theespendende Hebe, wie geht's?"

Mit einem fragenden, staunenden Blick, als kehre ihr Bewußtsein aus weiter Ferne mühsam zur Wirklichkeit zurück, schaute Adelheid auf Regine Erharb, die in fröhlichster Stimmung vor ihr stand.

Ihr munteres Lachen klang auf und klang in das Ohr dessen, der eben das Zimmer durchschreiten wollte und nun, die allbekannte Malerin gewahrend, auf sie zukam, sie zu begrüßen. Er verbeugte sich vor ihr, that eine konventionelle Frage, hob wieder den Kopf, stutzte, blickte von neuem und war mit einem Schritt vollends am Büffett.

„Ich täusche mich nicht — Fräulein Angreß? Welche Ueberraschung!"

Sie gab keine Antwort. Die schlanke Gestalt gerade aufgerichtet, die Augen gesenkt, stand sie und ließ die Hand auf dem Hahn des Samowars ruhen.

„Erkennen Sie mich denn nicht wieder, Fräulein Angreß? Entsinnen Sie sich nicht, wie wir auf dem Gute der Tante Harwitz vor —"

„Vor sieben Jahren — doch, ich entsinne mich, Herr —" Langsam hatte sich ihr Blick gehoben, und sie sah ihn an.

Er stand ein paar Sekunden und schaute nur hinein in das dunkle, wundersame Leuchten, dann nickte er sinnend.

„Vor sieben Jahren, jawohl — wie die Zeit vergeht. Bei Ihnen zwar hat sie kaum eine Veränderung hervorgebracht, Fräulein Angreß; mir indessen" — er blickte an seinem Zivil herab — „der bunte Vogel von damals ist farbloser geworden, ich habe den Leutnant an den

Nagel gehängt und bin unter die Chemiker gegangen. Und Sie, wie ist es Ihnen ergangen in all den Jahren?"

„O — gut, sehr gut, ich danke Ihnen."

Ihre Stimme klang ruhig, so seltsam ruhig, daß sie der Doktor forschend ansah. Ihr schmales Antlitz war bleich, doch in ihren Lippen leuchtete rotes Blut, wie es keiner Kränklichen zu eigen.

Er fand nicht sofort, was er etwa noch weiter hätte zu ihr reden können. Regine Erhard hatte sich mit freundlichem Nicken entfernt, die beiden standen sich allein gegenüber.

Nun beugte er sich ein wenig vor. „Würden Sie die Liebenswürdigkeit haben, mir eine Tasse Thee zu reichen?"

Adelheid füllte eine der japanischen Schalen und bot sie ihm schweigend. Dankend nahm er dieselbe entgegen.

Dann, während er langsam den Thee trank, sagte er nachdenklich: „Es ist zu merkwürdig, sich so nach sieben Jahren hier wieder zu treffen."

„Ich bin seit kurzem als Gesellschafterin hier engagiert," gab sie mit derselben Ruhe zurück.

Er nickte freundlich. „Ja, ich weiß, Frau Professor sagte mir vor kurzem, daß sie eine Gefährtin für ihre Tochter erwarte. Doch hatte ich keine Ahnung, daß Sie dies sein würden. Ich darf wohl annehmen, daß Sie sich bei den liebenswürdigen Menschen dieses Hauses hier schnell heimisch gefühlt haben?"

„Es geht mir sehr gut hier — ich danke Ihnen."

Automatenhaft kamen dieselben Worte, die sie schon einmal zu ihm gesprochen, wieder von ihren Lippen.

Er setzte die Tasse auf das Büffett zurück. „Ich habe wohl später noch das Vergnügen, Fräulein Ungreß."

Mit einer Verbeugung wollte er sich zum Gehen wenden, als sich von rückwärts eine Hand auf seinen Arm legte.

„Guten Abend, Robert."

„Ah, Irmgard, du!" Es war noch mehr als Freude, die Schwester hier zu sehen, etwas wie Dankbarkeit klang aus seiner Stimme. „Bist du allein hier?" Frau v. Ramhorst nickte. „Ja, Wolf hat Liebesmahl heute abend."

Selten hatte der Schwester Hand ergriffen. Sie lächelte ihm freundlich zu und sagte, einen interessierten Blick auf Adelheid werfend: „Ich sehe, du hast geschwelgt hier. Würdest du wohl ein gutes Wort für mich einlegen, daß das Fräulein mir gleichfalls etwas von ihrem Vorrat spendet?"

Selten hatte, während er die Schwester begrüßte, Adelheid ein wenig abgekehrt gestanden, nun wandte er sich wieder herum. „Ich hatte eben die unverhoffte Freude, in Fräulein Augreß eine alte Bekannte von Tante Harwitz' Zeiten hier zu begrüßen, und ich glaube, meiner Schwester, Frau v. Ramhorst, sind Sie wenigstens dem Namen nach gleichfalls keine Fremde."

„Aber ganz und gar nicht. Tante Harwitz hat oft und gern von ihrer liebenswürdigen Nothelferin gesprochen. Ich freue mich von Herzen, mein liebes Fräulein, Ihnen persönlich die Hand drücken zu können."

Und mit herzgewinnender Wärme streckte sie Adelheid die Rechte entgegen.

Da war es, als ob der Bann der Starrheit, der sie bisher umfangen hielt, wie mit einem Zauberschlage gebrochen sei. Warmes Freudenrot sonnte über ihr Gesicht, auf dem schwermütig dunklen Sammet ihrer Augen huschten die goldenen Lichter empor, und während sie respektvoll die dargebotene Hand ergriff, sagte sie mit schwingender, bewegter Stimme: „Sie sind sehr gütig, gnädige Frau, doch ich bin es, welche Frau v. Harwitz zu danken hatte, nicht sie mir."

Selten lauschte verwundert dem plötzlich so veränderten Stimmenklang, wie ihn auch der Wechsel in Adelheids Gesicht frappierte, und er fragte sich: war sie, deren Erscheinung so etwas Stolzes, fast Selbstbewußtes hatte, doch im Grunde so schüchtern oder gedrückt, daß erst eine starke Aeußerung gesteigerten Wohlwollens dazu gehörte, um ihre Wesensart wirklich zu erschließen?

Die beiden sich Gegenüberstehenden aber, die vornehme Dame in ihrer eleganten Gesellschaftstoilette und die einfache Gesellschafterin, blickten sich tief und klar in die Augen, und ihre Blicke sprachen sich zu: wir würden stimmen zu einander — wir könnten uns gut sein.

Und als sie den Blick wieder voneinander lösten, war's wie ein Jubeln in Adelheid: „Seine Schwester! Ihm unähnlich und doch wie sehr ihm gleichend. Seine Schwester!"

Die Hände auf dem Rücken gefaltet, den Kopf zurückgebeugt, schaute Ilse Herbert von der Thürschwelle aus unter gekniffenen Lidern hervor auf die Gruppe am Theetisch. Ueber der feinen Nasenwurzel stand eine scharfe Falte, der zarte Mund war zusammengepreßt. Mit ein paar raschen Schritten war sie plötzlich am Büffett, und einen Teller mit Backwerk ergreifend bot sie denselben mit ihrem bestrickendsten Lächeln der theetrinkenden Majorin dar.

„Gnädigste Frau —"

Doch dieselbe lehnte dankend ab.

„O — wollen Sie mir wirklich einen Korb geben?"

Ganz in holdseligste Kindlichkeit getaucht, ließ Ilse ihre bettelnden Blicke auf der Majorin ruhen.

„Ich muß wohl, Fräulein Herbert, da ich eine angeborene Abneigung gegen alles Süße habe."

„Wirklich? Wie schade!"

Frau v. Ramhorst ließ ihre dunklen Augen, die einen

so hellen Blick hatten, ruhig über das junge Mädchen hingleiten, das mit dem schiefgestellten spanischen Kamm im griechisch hochfrisierten Haar und dem blaugrün schillernden Gewande, das sich dem schlangenhaft geschmeidigen Körper eng anschmiegte, aussah wie ein aus seinem Rahmen gestiegenes Bild, und in ihr sprach es: So wie du giebst sich kein wirklich naives junges Mädchen, und so wie du, so raffiniert berechnet, kleidet sich kein junges Mädchen — keine Dame.

Nichts in ihrer Miene oder Haltung sprach aber nur einen Hauch dieses Gedankens aus, und doch glitt über Ilses Gesicht eine jähe Röte, und ihr, der allezeit redeschnellen, fiel kein Wort ein, das sie hätte sprechen können. Da lachte sie, um die Befangenheit zu verbergen, trat an Adelheids Seite und begann zwischen den Theetassen zu kramen.

Frau v. Ramhorst ergriff ihres Bruders Arm. „Du bringst mich wohl in den Salon zurück, Robert. — Auf Wiedersehen, liebes Fräulein, es hat mir die persönliche Bekanntschaft wirklich Freude gemacht."

Sie nickte Adelheid und danach Ilse zu. Der Doktor verbeugte sich, und Ilses fragenden Blick bemerkend erklärte er: „Fräulein Angreß und ich sind durch eine verstorbene Tante alte Bekannte von vor sieben Jahren."

„Ach, wirklich? Wie furchtbar interessant!"

Ilse machte ihre runden Kinderaugen, und während Selten und seine Schwester sich entfernten, schob sie sich dicht an Adelheid heran und raunte: „Ich glaube, Sie können fabelhaft diskret sein, Fräulein Adelheid — eine unbezahlbare Eigenschaft."

Dann glitt sie langsam auf dem Wege nach, den das Geschwisterpaar genommen. —

„Eine mir sehr sympathische Persönlichkeit, dieses Fräulein Angreß, etwas von einem Vollmenschen, wie

mir scheint; babei eine merkwürdig vornehme Art," sagte
Frau v. Ramhorst zu ihrem Bruder.

Er nickte ein wenig zerstreut. „Ja, sie macht einen
angenehmen Eindruck. Und Ilse — wie gefällt sie dir?"
Die Majorin gab nicht sofort Antwort. Nachdenklich
sah sie den Bruder an, und ausweichend sagte sie: „Sie
ist eine buntschillernde Libelle und trotzdem wohl nicht
leicht durchsichtig."

„Sie ist ein Kind," sagte der Doktor.
Die Majorin schwieg. Nach einer Weile begann sie
wieder: „Hans sendet dir Grüße. Er schrieb heute."
„Nun, und —"
Ein leises Seufzen. „Immer dasselbe Lied. Er
möchte kommen."

Dicht gegen die Wand sich drückend, blieb Ilse, welche
die letzten Worte aufgefangen, stehen. Ihre kleinen Zähne
hatten sich in die Unterlippe eingegraben, in finsterem
Sinnen starrte sie zu Boden. So stand sie noch, als
Selten zurückkam und, sich vor ihr verbeugend, sagte:
„Mein gnädiges Fräulein, der Befehl: Zur Tafel! ist ergangen. Ich habe das Glück, Ihr Nachbar zu sein."

Ein Sirenenlächeln strahlte ihn an. „Ja, das habe
ich so gelegt. Ich esse so wenig, da will ich wenigstens
auf andere Art auf meine Kosten kommen. Nicht wahr,
wir werden uns eine schrecklich gemütliche Ecke machen?"

Er zog ihren Arm unter den seinen. „Es wird mein
Ehrgeiz sein, Sie in Ihrem Kostenanschlag nicht zu ent-
täuschen."

Sein neckender Blick begegnete ihrem durchtriebenen
Blinzeln, und beide lachten sich an wie zwei Glückliche.

Zwei Glückliche! Für solche hatten ihr die beiden, da sie
Seite an Seite schritten, schon einmal gegolten. Die Hand
aufs Herz gepreßt stand Adelheid und schaute ihnen nach.

Siebentes Kapitel.

Die letzten Oktobertage hatten sich noch einmal vorm Scheiden mit allem, was übrig geblieben an Sonnenschein und bunter Farbenpracht, geschmückt, und Professor Herbert, dem das seltene Ereignis widerfahren war, einen freien Nachmittag zu haben, hatte den Vorschlag gemacht, diesen zu einem kleinen Ausflug zu benutzen.

„Selten wird sich uns anschließen. Ich traf ihn zufällig und forderte ihn auf."

Ilse machte ein sehr zufriedenes Gesicht. Das paßte ihr vorzüglich. Seit der Gesellschaft, wo er ihr in unverhohlener Weise sein Wohlgefallen an ihrer Person zu erkennen gegeben, hatten ihre Gedanken sich stark mit dem Doktor beschäftigt. Nun konnte sie ihn sich heute noch einmal in aller Ruhe daraufhin ansehen, ob es sich auch wirklich lohne, sich für den Rest seines Lebens als Frau Doktor v. Selten zu etablieren.

Der Ausflug war nach dem reizenden Waldorte Sankt Beaten geplant, wohin die elektrische Bahn führte. Die letzte Strecke bis zu dem herrlichen Aussichtspunkt auf der Berghöhe sollte dann zu Fuß zurückgelegt werden.

Das Programm war in seinem ersten Teile ausgeführt worden. Man war in Sankt Beaten angekommen, hatte dort den Kaffee getrunken und rüstete sich nun zum Aufstieg. Der kleinen Gesellschaft hatte sich noch eine ältere Dame, eine Freundin der Professorin, angeschlossen, und diese noch jugendlich-rüstige Sechzigerin drängte mit hochgeschürztem Kleide allen voran zum Aufbruch und faßte mutwillig Ilse unter.

„Kommen Sie, Kind, wir beiden Jüngsten gehen voran."

Ilse konnte eine säuerliche Miene nicht ganz unterdrücken. Sie wußte, daß, wenn die Geheimrätin, die stets irgend eine weitgehende Mitteilung auf dem Herzen hatte, einmal jemand mit Beschlag belegte, sie ihn so bald nicht wieder freigab. Und Ilse hatte sich diesen Waldspaziergang denn doch ein wenig anders gedacht. Sie warf einen hurtigen Blick auf den Doktor hin, und da es ihr schien, als drücke auch sein Gesicht Enttäuschung aus, kam ihr die gute Laune zurück. Mochte er immerhin eine Weile Alletantenreminiscenzen mit ihrem Fräulein aufwärmen, deren Konversationstalent ihr bisher geringe Bewunderung abgenötigt. Daß er dabei ein nettes Bild vor sich sah, dafür wollte sie schon Sorge tragen. Ihr Kleid fester um sich zusammenraffend, daß ihre feingezeichnete Figur wie eingewickelt war in den malvenfarbenen Tuchstoff und das Volantgekräusel des schwarzseidenen Unterkleides mit seinem leisen Knistern und Rascheln jede ihrer wiegenden Bewegungen begleitete, beugte sie sich der alten Dame an ihrer Seite schmeichlerisch zu und begann ihr reizendstes Plaudern und Lachen zu entfalten.

Der Professor hatte seiner Gattin den Arm gereicht, und Adelheid, fühlend, daß Sellen sich zu ihr gesellen werde, war es, als müsse sie ihre Seele mit einer Schutzmauer straffer Kraft umgeben, damit nicht wieder niedergerissen werde, was sie seit jenem Wiedersehen vor acht Tagen sich mühsam an Selbstbeherrschung und äußerlicher Ruhe aufgebaut hatte.

Doktor v. Sellen war an ihre Seite getreten. Er hatte an dem Gesellschaftsabend keine weitere Gelegenheit gefunden oder gesucht, sich ihr zu nähern, und auch heute hatte er außer der Begrüßung kaum ein paar Worte mit ihr gewechselt.

Nun, während sie als letztes Paar auf dem schmalen Waldwege dahinschritten, machte er zunächst nur einige nichtssagende Bemerkungen. Plötzlich aber blieb er stehen und blickte mit leuchtenden Augen in das grüne Wipfelmeer der herrlichen Tannen, zwischen denen hie und da, vom Sonnenflimmer übermalt, das goldrote Laub einer breitästigen Eiche schimmerte.

„Der deutsche Wald — es geht doch nichts darüber! Entsinnen Sie sich, Fräulein Angreß, wir sind schon einmal zusammen durch den Wald gegangen?"

„Ja, ich entsinne mich," sagte sie sanft. Dabei nahm sie ihre beiden Hände und drückte die unsichtbare Schutzmauer sich fest, fest um das Herz.

„Freilich, er konnte keinen Vergleich aushalten mit dieser Hochwaldspracht hier, der Kiefernbusch der Tante Harwitz," fuhr Selten fort, und sein ernstes Gesicht schien um Jahre jünger geworden vor dem hellen Lächeln der Erinnerung. „Aber schön war er doch, wenn die Sonne hindurchstrich und die schlanken Stämme purpurn färbte.

— Mir ist durch unser Wiedersehen so viel zurückgekommen, was schon halb vergessen in mir lag," sprach er sinnend weiter. „Auch das alte Bedenken, ob es nicht pietätvoller gewesen wäre, Harwitz zu behalten, als mir die Erbschaft zufiel. Aber ich wäre doch nur ein schlechter Landwirt geworden, der das Basteln und Experimentieren nicht hätte lassen können und sich vielleicht am Ende, wie schon so manch einer, von seiner eigenen Scholle hinwegexperimentiert hätte. Da war's doch wohl schon besser so, wie es nun ist. Eitel Wonne war übrigens der ganze Umschwung im Anfang nicht. Wenn einer über dem Kasernendienst vierundzwanzig Jahre alt geworden ist, da sitzt ihm, einerlei wie's ihm im Herzen aussieht, der Leutnant doch mehr in den Gliedern, als er's weiß. Und dann noch einmal die Schulbank drücken" — er lachte fröhlich — „ich hab' damals zu Anfang meines Zivilverhältnisses strengeren Exerzierdienst halten müssen als je zuvor."

Es war ihr, als dürfe sie mit keinem lauten Herzschlag das stille Glücksgefühl sich stören. Wie er zu ihr sprach — so einfach, so selbstverständlich, als ob sie Vertraute wären seit Jahr und Tag! Und warum sollte nicht auch sie es thun, sollte in dem Tone zu ihm reden, wie er ihn angeschlagen?

Tief aufatmend sagte sie, während um ihre Lippen eine leise Schelmerei zu spielen begann: „Ich hab's auch schon beobachtet, wie eine chemische Veranlagung einen über das schwerste Ungemach hinwegheben kann. Mein jüngerer Bruder hat manches Strafgericht über sich ergehen lassen müssen, wenn er heimlich im Laboratorium auf eigene Faust Experimentalchemie getrieben."

Mit unverhohlenem Wohlgefallen blickte der Doktor ihr in das Gesicht und fragte: „Sie haben mehr Geschwister?"

„Ja, drei — Stiefgeschwister."

„Ah — und waren Sie bis jetzt immer daheim? Verzeihen Sie mein Fragen, es ist nicht Neugier, aber ich liebe bei Dingen wie bei Personen eine gewisse durchsichtige Klarheit."

Was war das? Welche Wolke ging plötzlich verdunkelnd über ihre Züge? Hatte er sie mit seiner Frage verletzt?

Rasch fuhr er fort: „Die Art unserer Bekanntschaft, die Erinnerung, welche dieselbe in mir heraufruft, giebt mir Ihnen gegenüber eine Empfindung größeren Nahestehens, als Sie mir vielleicht zuerkennen wollen."

Die Farbe kam und ging in ihrem Gesicht. „Gewiß, ich begreife das. Und ich begreife auch, wie in meiner Stellung durchsichtige Klarheit doppelt wünschenswert ist."

Sellens Haltung steifte sich, kühl sagte er: „Ich bedaure, wenn meine Frage durch Ihre Motivierung Ihnen mißfällig war, Fräulein Angreß. Sie dürfen indes überzeugt sein, daß indiskrete Zudringlichkeit mir unter allen Umständen fern liegt."

Kaum daß er die Worte gesprochen, thaten sie ihm leid. Adelheid war tief erbleicht, in ihrem Blick, den sie stumm auf ihn richtete, lag ein Seltsames, das er nicht verstand. War da etwas, das sie verbergen wollte — zu verbergen hatte? Oder waren vielleicht ihre früheren Stellungen derart, daß sie sich derselben schämte?

Unbehagen war in ihm wach geworden, und er fand nicht sofort wieder den Ton harmloser Unbefangenheit. So gingen sie schweigend eine Weile auf dem jetzt ziemlich steil bergan steigenden Wege nebeneinander her.

Da rief Ilse, den Kopf zurückbiegend: „Gleich sind wir oben. — Gott sei Dank!" fügten ihre Augen hinzu.

Der Doktor nickte, dabei aber dachte er: Wie viel weniger gut sie heute aussah. Sie war wohl müde, die Füße schleiften wie widerwillig über den Boden. Sie war keine Bergsteigerin, gehörte in das Thal, auf breite, wohlgepflegte Parkwege.

Sie waren auf der Höhe angelangt. Die Professorin und ihre Freundin hatten auf der droben stehenden Bank sich niedergelassen, Ilse hatte auf einem moosbewachsenen Felsblock sich einen bleibsamen Ruheplatz gesucht, der Professor machte Selten auf die Umrisse einer fernen Gebirgskette aufmerksam, Adelheid, ein wenig abseits stehend, schaute über das Wipfelmeer zu ihren Füßen hinein in die weite, höhendurchschwungene Landschaft, in die Sonne, die wie ein Feuerball über dem Horizont hing.

„Schade, daß dir der lieberfüße Mund abgeht, Ilse," sagte der Professor. „Jetzt sollte da ein kräftiger Jodler zu Thale steigen."

Selten wandte sich lebhaft an Adelheid. „Sie singen ja, Fräulein Angreß. Ich entsinne mich eines Liedes von Ihnen. Sie hatten eine prächtige Naturstimme."

„O, Sie singen? Was Sie doch alles vor einem verborgen halten."

Ilse sagte es, Adelheid kindlich überrascht anblickend.

„Sie singen?!" rief der Professor. „Dann also — singe, wem Gesang gegeben!"

Adelheid gab keine Antwort. In die Weite blickend, dachte sie der Stunde, wo er sie schon einmal singen gehört. Auf der Gartenterrasse von Harwitz war's, zur Dämmerzeit, die Rosen blühten, und es war Frühling.

Ihre Lider senkten sich schwer, ihr Blick hatte sich abgewandt von dem leuchtenden Sonnenball und starrte den felsig zerklüfteten Bergesabhang hinab, und leise, wie verloren in völliger Selbstvergessenheit hub sie zu singen an.

Schwere Klänge, wie emporgestiegen aus dunkler Tiefe. Lauter und mächtiger quoll ihre goldklare Stimme empor, uab mit voller, leidenschaftlicher Gewalt sang sie die Worte des Liedes:

„Es hat die Mutter mir gesagt,
Dort hinter jenem Berge,
Wo Wolken um den Gipfel sind
Und Nebel um die Wurzel,
Dort wächst das Kraut Vergessenheit —
Dort wächst es in den Schluchten."

Betroffen war Sellens Blick zu ihr hingegangen. Ihr Antlitz war gesenkt, ihr Blick der Tiefe zugekehrt, als suche sie da drunten das Wunderkraut, von dem sie sang — das Kraut Vergessenheit.

Vergessenheit! Es durchfuhr ihn. War's darum, daß vorhin ihr bittender Blick zu ihm gesprochen: „Frage nicht!" Hatte sie nicht zu verbergen, hatte sie nur — zu vergessen?

„O wüßt' ich nur den Weg dahin,
Drei Tage wollt' ich wandern —"

Wie ein qualvoller Sehnsuchtsschrei war es, wie ein heißes Ringen nach Erlösung.

„Und wollte brechen von dem Kraut
Und wollt's im Weine trinken."

Die bebende Leidenschaft des Liebes wirkte auf Selken wie eine persönliche Qual. Er war bis an den Rand des Bergabhanges vorgetreten, sein Blick ging gleich dem ihren der Tiefe zu, als wollte er ihr helfen, das Heilkraut suchen. Da hatte er ein anderes gewahrt, das mit tiefblauem Leuchten aus einer Ritze hervorblühte. Er that einen Schritt hinab, beugte sich vor und —

Ein jähes Abbrechen des Gesanges, ein Entsetzenslaut und Adelheid war vorwärts gestürzt, der abschüssigen Stelle zu, wo unter Selkens Füßen das lose Felsgeröll nachgegeben hatte, und er die Bergwand hinabgeglitten war.

Auch die Professorin wollte erschreckt aufspringen, doch ihr Gatte winkte ihr beruhigend zu, denn schon tauchte Selken, die Erde von seinen Kleidern klopfend, wieder empor.

Ilse lachte: „Warum hatten Sie's denn so furchtbar eilig, Herr Doktor? Nun, ich wußte, daß der beschleunigte Abstieg nichts auf sich hatte, drum hab' ich bei Fräulein Adelheids Angstgeschrei nicht die zweite Stimme übernommen."

Er lächelte. Aber ihre Worte, ihr Spottlachen hatten ihn verletzt. Es hatte nichts auf sich gehabt, nein — das überall wuchernde Buschwerk gab der Hand leichten Stützpunkt — ein Blick mußte genügen, das zu erkennen. Die andere hatte diesen kühlvernünftigen Blick nicht erst gethan, der Aufschrei bebender Herzensangst, der in sein Ohr geklungen, war vielleicht thöricht gewesen, doch die Thorheit goß eine seltsam frohe Wärme in seine Adern, und Frohempfinden gab ihm auch die tiefe Blässe in Adelheids Gesicht, das Schreckverstörte, das ihm noch aus ihren Augen entgegenstarrte.

Er trat zu ihr, bot ihr den blühenden Enzian,

den er gepflückt hatte: „Das beste Kraut Vergessenheit — die Blume des Glücks."

Ein Beben ging durch ihre Gestalt, die Hand zögerte, sich nach der Blüte auszustrecken, kaum hörbar flüsterten ihre Lippen: „Die Blume des Glücks —."

„Möge sie Ihnen Glück bringen — am Abgrund habe ich dieselbe für Sie gepflückt," sagte Selken mit einem Lächeln, doch seine Stimme klang fast feierlich.

Da leuchtete es in ihren Augen auf, als ob vor einem, der hoffnungslos durch Nacht und Dunkel gewandert, plötzlich der Seligkeit Pforte sich erschließe. Sie nahm die Blume, die er ihr reichte, und behielt sie in der Hand.

„Kommen Sie, Herr Doktor, wir vertrödeln sonst die Rückfahrt."

Ilse sagte es, an seine Seite tretend und mit ruhiger Selbstverständlichkeit seine Begleitung fordernd.

Für Abelheid hatte sie keinen Blick. Diese trat zurück, ein stolzes Lächeln um den Mund. Trug sie doch ihren Reichtum in der Hand, den konnte keine von ihr nehmen.

Ilse schielte ein paarmal verstohlen den Doktor an, wie er auf dem Rückweg zerstreut und ziemlich einsilbig neben ihr her schritt. War er nur langweilig heute oder hatte die Sangestragik auf ihn gewirkt? Ein hochmütiges Spotten schlängelte sich um ihren Mund. Man würde fernere Musikproduktionen verhindern, im übrigen - - ihr Fräulein — pah! Strahlend vor Laune und kindlicher Lebendigkeit plauderte und scherzte sie. Doch zum erstenmal wirkte ihr naiv-verführerisches Getändel nicht auf Selken. Fast unablässig verfolgten seine Augen jede Bewegung der schlanken Gestalt, die da vor ihm an der Seite der Professorin schritt und von deren üppigem Haarknoten die Sonne Goldfäden zu spinnen schien. Goldene Fäden, die über den Weg sich spannten, bis zu ihm sich spannten. —

Abelheid war die letzte gewesen, von der, in Arberg wieder angelangt, Sellen sich verabschiedete.

„Auf Wiedersehen," hatte er gesagt, nichts weiter. Aber er hatte ihr dazu die Rechte gereicht, und sein Händedruck hatte gesprochen: „Ich freue mich des Wiedersehens." —

Und nun war der Tag zu Ende. Tiefe Stille herrschte in der Herbertschen Villa.

Auf ihrem Bette saß Abelheid und wachte. In ihren Händen hielt sie den Enzian, den er für sie gebrochen — die Blume des Glücks. Sie fühlte seinen Händedruck, mit dem er ihr: „Auf Wiedersehen" gesagt. Sie dachte all der Worte, die er zu ihr gesprochen, gedachte dessen, was er von sich selbst gesagt, daß er die Klarheit liebe. Und sie gedachte der Kette, die sie an den Boden schmiedete, die sie hinabzwang in Lüge und Feigheit, die sie ausschloß vom Glück, vom Recht, zu leben.

In die Kniee stürzend, das Haupt in die Kissen ihres Lagers gewühlt, schluchzte Abelheid in fassungsloser Leidenschaft.

„Sind Sie nicht wohl, Fräulein? Ist Ihnen der Ausflug schlecht bekommen?"

Ilses süße Schmeichelstimme fragte es durch die Wand des Nebenzimmers.

Abelheid war emporgeschnellt. In Ketten — ihr blieb nicht einmal die Freiheit ihrer Thränen. Die Fäuste in die Augenhöhlen gepreßt, stand sie unbeweglich da, und in ihr raste und schrie es — die wilde Sehnsucht nach dem Glück.

Achtes Kapitel.

Es war um die Mittagsstunde. Von ihrem Lehramte ermüdet, wollte Regine Erhard sich ein wenig auf dem Sofa ausruhen, bis Annette von einem wirtschaftlichen

Gange und Ottomar aus der Probe zu Tische heimkehren
würden, als die Korridorglocke tönte, und gleich darauf das
Mädchen mit einer Visitenkarte bei ihr eintrat.

„Der Herr möchte Sie sprechen, Fräulein."

Ein Blick auf die ihr gereichte Karte — und Regine
stürzte das Blut in Stirn und Wangen, ihre Augen
blitzten.

„Lassen Sie den Herrn drüben eintreten," befahl sie
barsch.

Als das Dienstmädchen sich entfernt hatte, stand sie
ein paar Augenblicke ganz still, die Rechte gegen die Stirn
gelegt, die Lippen zusammengepreßt. Dann ging sie mit
ihren festen Schritten in das Wartezimmer neben dem
Atelier hinüber.

Bei ihrem Eintritt erhob sich im Dämmerlicht der zu-
gezogenen, gelblichen Gardinen eine Männergestalt von
einem der Stühle und verneigte sich leicht. „Hugo Wenbel-
burg ist mein Name — und ich habe Fräulein Erhard
vor mir, nicht wahr?"

„Jawohl," sagte sie kühl. „Sie wünschen von mir?"

Eine Pause trat ein. Es war, als ob jeder von ihnen
sich erst sammeln müsse, ehe der Kampf zwischen ihnen
seinen Anfang nahm. Regine war zum Fenster hingetreten
und hatte die Vorhänge zurückgezogen. Als sie sich wieder ihrem Besucher zuwandte und dessen Gesicht zum
erstenmal hell beleuchtet nahe vor sich sah, fühlte sie sich
derartig abgestoßen von dem breitlächelnden, hämischen
Ausdruck desselben, daß sie kaum vermochte, der Höflichkeit zu genügen und ihm Platz anzubieten.

Er kam ihrer diesbezüglichen, mehr als kühlen Aufforderung ohne weiteres nach.

„Ich erlaube mir, in - - hm — in einer etwas ungewöhnlichen Angelegenheit bei Ihnen vorzusprechen, mein
Fräulein. Oder — hm" — einer seiner raschen, ironischen

Blicke soubierte bie ihren — „darf ich mir jede Einleitung
ersparen, sind Sie ohnedies über den Zweck meines Besuches nicht im unklaren?"

Er hatte richtig gerechnet, seine direkt ins Schwarze
zielende Frage überrumpelte die für diese Situation nicht
genügend vorbereitete Malerin einigermaßen. So suchte
sie denn den Umweg des Nichtverstehenwollens und sagte
kurz: „Ich bitte, sich deutlicher auszusprechen."

Wendelburg stemmte einen Arm aufs Knie, den anderen in die Seite, sah sich ungeniert abschätzend im
einfachen Raume um und heftete dann seine Augen lächelnd auf Regine, als wolle er sagen: Mit dir brauche
ich wohl keine langen Umstände zu machen, du armer
Schlucker!

Und diesem Sinne waren seine Worte angepaßt, die
unvermittelt fragten: „Sie kennen meine Frau, Fräulein
Erhard?"

Die Malerin setzte sich sehr gerade. „Ich werde Ihnen
auf Ihre Fragen erst antworten, mein Herr, wenn Sie
mir die Beweggründe Ihres Besuches bei mir mitgeteilt
haben."

Ueberlegend strich er seinen Bart. „Mit Ihnen scheint
nicht gut Kirschen essen," sagte er alsdann jovialen Tones.
„Gut, schenken wir einander reinen Wein ein. — Ich
komme zu Ihnen, mein Fräulein, weil man mir in Baden-
Baden in der Nervenheilanstalt des Doktors Kraft Ihre
Adresse nannte, als ich nach dem Verbleib meiner heimlich
von dort entwichenen Frau forschte."

Regine hatte sich jäh erhoben und maß den nun
ebenfalls Aufstehenden in ruhiger Selbstbeherrschung. „Wer
hat Sie bei Doktor Kraft in Ihrer Angelegenheit an mich
verwiesen?" fragte sie so ungläubig, daß er ein kurzes
triumphierendes Auflachen nicht unterdrücken konnte.

Zugleich aber schwollen ihm die Adern an den Schläfen.

„Sie haben recht, Fräulein Erharb, die Diskretion Ihrer Freunde nicht zu bezweifeln."

Im scharfen Hohn hatte er es gesprochen, Regine aber entgegnete mit der Ueberlegenheit kühler Ruhe: „Jeden Augenblick kann mein Bruder nach Hause kommen, Herr Wendelburg. Ich würde dann gezwungen sein, das Gespräch mit Ihnen abzubrechen. Wollen Sie sich also kurz fassen."

Diese Schroffheit hatte seltsam auf Wendelburg gewirkt. Zunächst hatte ihn der Schreck des feigen Mannes durchzuckt, der sich in der Meinung, einer unbeschützten, wehrlosen Person gegenüberzustehen, plötzlich getäuscht sieht, dann war jählings ein Verdacht in ihm aufgestiegen, der sich in der raschen, unvermittelten Frage Bahn brach: „Ihr Herr Bruder ist Offizier?"

Regine horchte auf. „Nein," gab sie gedehnt zurück. „Wie kommen Sie zu dieser Annahme?"

Wendelburg zwirbelte seine struppigen Bartspitzen, seufzte eigentümlich vielsagend und zuckte resigniert die Achseln. „Ein Mann meiner Jahre und meiner Art kann nicht verlangen, die erste Liebe seiner schönen Frau zu sein; er sollte aber wenigstens, das sehe ich jetzt ein, die Toleranz nicht so weit treiben, sich den Namen dieser ersten Liebe verschweigen zu lassen, wenn ihm doch schon das Geständnis gemacht wurde, daß dieselbe einen bunten Rock getragen. Da wittert dann ein Mann in meiner Lage leicht allerhand Kombinationen. Verzeihen Sie, Fräulein Erharb. Also zur Sache zurück."

Den Blick auf die Uhrkette herniedergesenkt, mit der seine Finger spielten, gewahrte er nicht, wie Regine von ihm zurückgetreten war, am ganzen Körper bebend, trotz ihres fortdauernden Schweigens.

„Sie vermuteten recht, Fräulein Erharb, Doktor Kraft war es nicht, der mir Ihren Namen in Verbindung mit

meiner Frau nannte, sondern dieser Schlüssel hier" —
er machte die Gebärde des Geldzählens — „hat einer
Wärterin dahin den Mund geöffnet, daß sie den besorgten
Ehemann mit der Mitteilung beruhigte, ein Fräulein
Regine Erhard aus Arberg habe sich seiner lieben Frau
besonders freundschaftlich angenommen. Na und" —
Wendelburg atmete auf, vergrub die Hände in den Hosen-
taschen und zog sie ebenso schnell wieder hervor — „da
bin ich denn direkt zu Ihnen gereist, Fräulein, um
Näheres über den jetzigen Aufenthalt meiner Frau zu erfahren."

„Von mir?"

„Von Ihnen, jawohl." In seinem Ton war etwas
Gemütliches, Vertrauliches gekommen. „Sehen Sie mal,
ich begreife Sie ja ganz gut, Ihre Sympathien sind für
meine Frau, die sich natürlich vor Ihnen schön gefärbt
hat. Aber nun denken Sie sich auch in meine Lage hinein"
— seine Stimme wurde immer wärmer, treuherziger —
„denken Sie sich einen Mann, dem die Frau am Hochzeits-
abend ohne Grund und Ursache wie eine Wahnsinnige
davonläuft. Ich thue das einzige, was zu thun war,
bringe sie in eine Nervenheilanstalt, lasse ihr Zeit, da
zur Vernunft zu kommen. Und was erfahre ich, als ich
hinreise, wieder mal nach ihr zu sehen: auf und davon,
und keiner will wissen, wohin! Der Doktor hüllt sich in
eisige Reserviertheit, sagt, es wäre nicht sein Amt, sich in
Privatangelegenheiten zu mischen, seine Patientin wäre
gesund gewesen, wohin sie gehe, habe sie ihm nicht gesagt.
Na und — da komme ich denn eben zu Ihnen, Fräulein
Erhard, und frage Sie, wo augenblicklich meine Frau sich
aufhält."

„Und was wollen Sie von Ihrer Frau, Herr Wendelburg?"

Die Geradheit und Kürze ihrer Frage verblüfften ihn.

„Was ich von ihr will? Na, haben will ich sie -- das ist doch einfach," rief er.

„Aber Ihre Frau erklärt, nicht mit Ihnen zusammenleben zu können," erklang abermals Reginens Stimme, jetzt wärmeren Tones. „Wollen Sie ihr nicht wenigstens Ruhe gönnen, da sie sich durch den Schritt zum Altar mit Ihnen für ihr ferneres Leben jeden Anteil an Glück verscherzt hat?"

Ein verdächtiges Lachen klang auf. „Aber ich habe keineswegs die Absicht, meine Frau um ihr Glück zu bringen, und darum" — er zog die Uhr, sah flüchtig darauf — „lassen Sie uns Schluß machen und haben Sie die Güte, mir den Aufenthalt meiner Frau zu verraten."

„Nein." Das Wort Reginens klang wie ein schwer zu Boden fallender Stein. „Nein," rief sie noch einmal, „das werde ich nie und nimmer thun. In meinem Hause haben Sie Ihre Frau nicht zu suchen. Weitere Auskunft gebe ich Ihnen nicht."

„Aber Sie wären doch im stande, es zu thun?" fuhr Wendelburg dazwischen.

„Ja — vor Ihnen lüge ich nicht."

Der verächtliche Klang ihrer Stimme ließ ihn die Fäuste ballen, dennoch zwang er sich zu kalter Ruhe.

„So werde ich Sie schlimmsten Falles —"

Er kam nicht weiter. Die Zimmerthür ward aufgerissen, und ehe sie noch dem Oeffnenden Einlaß gab, rief ein helles Stimmchen: „Tante, Fräulein Angreß läßt dich grüßen. Ich traf sie eben —"

Auf der Schwelle war Annette erschienen, um erschrocken beim unverhofften Anblick des Besuchers wieder zurückzuweichen.

Sekundenlang blieb es still. Regine war erbleicht. Triumph und Schadenfreude in den Augen blickte Wendelburg sie an. Nun verbeugte er sich ironisch.

„Sie sehen, das Schicksal will mir wohl. Nun weiß ich, daß meine Frau in dieser Stadt sich aufhält. Für das weitere brauche ich Ihre Hilfe nicht anzurufen. Ich empfehle mich Ihnen, mein Fräulein, Sie begreifen meine Eile."

Mit höhnischem Lächeln ging er zur Thür hinaus.

Regine stand wie am Boden gewurzelt. Noch nie in ihrem Leben hatte sie so viel Widerwillen gegen einen Menschen empfunden, wie jetzt. Dann aber riß der Gedanke, handeln zu müssen, sie aus ihrer Bestürzung.

Sie mußte zu Adelheid! Wie es sie heiß überflutete in Liebe und Begreifen, da sie ihrer gedachte. „Was auch kommen mag, ich stehe bei dir," hatte sie der Tapferen gesagt. Jetzt wollte sie ihr Wort einlösen. Eilig nahm sie Hut und Umhang.

„Wenn Ottomar kommt, wartet nicht mit dem Essen auf mich," sprach sie ins Wohnzimmer hinein, wo Annette den Tisch deckte. Und dann, vom Anblick der Kleinen zu nie vorher gezeigter Heftigkeit aufgereizt, rief sie dieser rauh zu: „Mußte dich das Unglück auch gerade herbeiführen! Wer hieß dich ungebeten in das Besuchszimmer kommen?"

Ohne zu beachten, wie Annette entsetzt die Augen aufriß, stürmte sie davon. Bei Professors angelangt, klingelte sie in stürmischer Hast.

„Melden Sie mich Fräulein Angreß," sagte sie atemlos dem öffnenden Dienstmädchen.

„Das Fräulein ist mit Frau Professor Einkäufe machen gegangen," lautete die Antwort. „Aber Fräulein Ilse ist daheim."

Nein, die konnte ihr nicht helfen. Mit dem Bemerken: „Ich werde wiederkommen," entfernte sich Regine wieder. Unten auf der Straße überlegte sie. Sobald Wendelburg auf der Polizei Adelheids Adresse erfahren, würde er sie aufsuchen, das war klar. Dem war überhaupt nicht mehr vorzubeugen. Aber bevor er die Professorin sprach, wollte Regine sprechen. Das war ihre Pflicht. Und entschlossen den Kopf aufrichtend, lenkte sie ihre Schritte der Hauptgeschäftsstraße zu, wo die Möglichkeit gegeben war, die beiden Damen bei ihren Einläufen zu treffen. Auf diese Möglichkeit gründete Regine ihr Hoffen. Wie sie sich daheim über ihren ungewöhnlichen Mittagsausgang den Kopf zerbrechen würden, das kümmerte sie nicht.

Einer anderen aber bereitete ihre Abwesenheit schweren Kummer, und diese andere war die kleine Annette.

Nachdem sie von Regine so ungewöhnlich barsch angelassen worden war, hatte sie ihr erst eine ganze Weile stumm und starr nachgeschaut, dann hatte es um die nieblichen Mundwinkel zu zucken begonnen, und langsam hatten sich die Blauaugen mit dicken Tropfen gefüllt. Die waren herniedergefallen auf die verschlungenen Hände — eine nach der anderen, und schließlich war's ein ganzer, heißer Strom geworden, und laut schluchzend hatte sich Annette in Vater Erhards ledernen Sorgenstuhl geworfen, als ob er der einzige Platz wäre, der ihr mit Recht zukäme. In all ihrem Jammer hatte sie dann ganz überhört, daß die Thür aufgethan wurde und Ottomar, seine Rolle in der Hand, in die Stube getreten war.

Das Scherzwort, das er beim Hereinkommen für sie auf den Lippen gehabt, erstarb vor diesem Anblick. Leise trat er an ihre Seite und schaute auf sie hernieder.

Sie hatte das flachshaarige Köpfchen tief in ihre weiße Schürze vergraben und weinte, daß ihr Hören und Sehen verging.

Ja, um alles — dem Schauspieler wurde es ganz seltsam ums Herz, solchen Schmerz hatte er überhaupt noch nicht gesehen. Auf der Bühne wurde so ja nie geweint, die Beste weinte nicht so, um den heiligsten Liebesschmerz weinte man nicht in dieser Heftigkeit!

Er legte ihr seine Hand auf die Schulter. Mit einem Schrei fuhr sie empor und starrte ihn erschreckt an. „Was haben Sie denn für Jammer, Annettchen? Ich konnt's nicht mehr mit anhören."

Seine weiche Mitleidsfrage ließ ihre Thränen aufs neue strömen.

„Ich bin so unglücklich," brachte sie kaum verständlich hervor, so ließ sie der Bock — „so unglücklich — bringe allen Menschen Unglück — die Tante — die — die war so böse auf mich —."

„Warum denn, Annettchen? Mir dürfen Sie's anvertrauen." Er war vor ihr niedergekniet, ganz wie auf der Bühne bei ähnlichen Scenen, und hatte ihr die Hände vom Gesicht gezwungen. Seine Augen aber waren seiner Schwester warme, dunkle Augen, und die wußten nichts von Bühne und Theaterlüge.

„Was hat man Ihnen denn gethan, Sonnenscheinchen?"

„Ach — ich — ich hab' ja so viel angerichtet," schluchzte die Kleine fassungslos. „Wissen Sie, mit meiner Indiskretion und mit meinem Ungestüm." Sie hatte sich nun ganz ernsthaft im Sorgenstuhl zurechtgesetzt und begann dem lauschenden Jüngling zu ihren Füßen zu berichten, wie sie in ihrer Freude, Adelheid und die Professorin gesprochen zu haben, in das Zimmer platzte. „Und da — kreidebleich ist die Tante geworden, und wie ich vor Schreck gleich wieder zurückfahre, höre ich noch, wie der Fremde sagt: „Nun weiß ich, daß meine Frau sich in dieser Stadt aufhält." — Und nachher war die Tante so furchtbar bös mit mir und ist fort — und — und ich —" Wieder begannen die Thränenbächlein zu fließen.

Ottomar war aufgestanden, er hatte nicht alles begriffen, was Annette gesagt, immerhin aber so viel, daß an ein Geheimnis der Fräulein Angreß gerührt war, und daß dies Geheimnis einer Ehe ihres Schützlings seine Schwester wußte.

Die kleine Annette, die sich so unschuldig-schuldig sorgte, that ihm leid, aber er konnte sich doch nicht versagen, ihr einen Schreckschuß einzujagen: „Aber Annettchen, was haben Sie da wieder gemacht? Durften Sie das denn so weiterplaudern, was Sie mir da vorgetragen haben?"

Ein so entsetzter Blick ihrer verweinten Augen traf ihn, daß er bestürzt innehielt und wieder seinen Platz am Boden einnahm.

„Ist ja nur Scherz," lachte er da begütigend, „seien Sie mal wieder froh, Annette, Sie Nette, Abrette, Kokette! Wenn Regine heimkehrt, ist alles wieder gut — jetzt lächeln Sie mal, Sonnenscheinchen."

„Ach gehen Sie doch, wo ich so unglücklich bin und allen Menschen Unglück bringe," stolterte sie, immer noch schluchzend.

„Da werden Sie mir ja furchtbar interessant, Annette. Ein Mensch, der allen Unglück bringt und flachsblonde Zöpfe hat — wirklich, das ist was Besonderes, selbst auf der Bühne Rares, das könnte mich anziehen, Annette."

Sie lächelte nun doch und drängte ihn von sich, als er immer näher heranrückte.

„Ja, lachen Sie nur — Sie — Sie, der über alles -- über Alle lacht —"

Was war denn das? Da tropfte ja eine Thräne gerade auf seine Hand, und die war so ganz still aus den Blauaugen heruntergerollt bei den letzten Worten.

„Annellchen!" Nun wurde auch seine Stimme ganz leise und heimlich. „Ueber Sie lache ich doch nicht — Sie sind doch die Ausnahme."

„O, ich weiß schon, welche Ausnahme ich bin!" Den

alten Großvatersorgenstuhl erschütterte es in seinen Grund‑
festen, wie sie zurückrückte vor dem Schwarzlockigen da
vor sich.

„Nein, Sie wissen es nicht." Seine Augen sandten
wahre Feuergarben von unten zu ihr herauf. „Sie wissen
es nicht, Annettchen. Erst waren Sie die Ausnahme von
der Regel der mich nicht Liebenden — das heißt, ich liebte
Sie auch nicht — und jetzt sind Sie die Ausnahme von
dieser Ausnahme, das heißt ich liebe dich dennoch, du
Sonnenscheinchen!"

Weit hatte er seine Arme ihr entgegengebreitet — und
sie sank hinein, willenlos wie ein Blütenblatt des Früh‑
lings in den Mittagswind.

„Ich dich ja auch — ich dich ja auch," stammelte ihr
Mund dazu. „Und nun ist's ja gar keine Ausnahme
mehr — nur ganz gewöhnlich, ganz alltäglich."

„Ja, ganz alltäglich — wie der Sonnenschein!"

Seine Lippen küßten den ihren die Antwort fort, bis
daß sie nichts mehr sagen wollten.

Neuntes Kapitel.

In fliegender Eile war Wendelburg auf das Polizei‑
meldeamt gestürzt, um dort endlich Adelheids Adresse zu
erfahren. Also in Stellung war sie! Als Fräulein —
Haß und Ingrimm schüttelten ihn förmlich. Ja, jetzt
haßte er sie, haßte sie so kalt und unbarmherzig, daß er
sich zu allem fähig fühlte, wenn er daran dachte, ihr zu
beweisen: du gehörst mir dennoch zu, und ich bin und
bleibe dein Herr! Und ihr Herr wollte er bleiben und
sollte sein Leben keinen anderen Zweck kennen als den,
seinen zähen Willen wieder und wieder dem ihren in den
Weg zu stellen. Was sie gewagt, was sie ihm angethan
hatte, sollte ihr selbst das Dasein verleiden, bis sie bereuen

lernte, bis sie sich beugte vor ihm, bis sie ihn um Gnade, um Verzeihung anflehte.

Bis jetzt hatte er sie geschont, hatte sich schließlich darein gefügt, als auf Adelheids Wunsch sein Verlangen, dieselbe zu sprechen, vom Arzt zurückgewiesen wurde, und war abgereist, ohne sich ein Wiedersehen mit ihr erzwungen zu haben. Auch seine Briefe an sie waren in letzter Zeit seltener geworden, glaubte er doch, daß er sie am ehesten gefügig machen werde, wenn er ihr eine gewisse Ruhepause gab, in der sie zur Besinnung kommen konnte. Daß sie ihm entweichen könne, daran dachte er nicht; er glaubte sie völlig mittellos. Wohin sollte sie sich wenden, was beginnen? So hatte er denn ein Vierteljahr verstreichen lassen.

Als aber die Bekannten in Hartenau zu munkeln begannen über die nervenkranke Frau, die gar nicht wieder gesund werden wolle, hatte er sich auf die Reise gemacht, fest entschlossen, sie sich zu holen, koste es, was es wolle.

Und dann diese neue, demütigende Niederlage, die ihr Verschwinden ihm bereitet hatte! Aber jetzt war sie in seinen Händen und sollte ihm nicht wieder entkommen!

Heftig, im Bewußtsein seines Rechtes, jetzt hier Einlaß begehren zu dürfen, stieß Wendelburg die Thür des Hauses auf, in welchem Adelheid eine Heimstätte gefunden hatte, und stieg die teppichbelegten Stufen empor.

Droben in ihrem koketten Zimmer lag Ilse auf dem fellüberdeckten Diwan und langweilte sich. Sie hatte sich der Abwechslung halber einmal ganz schwarz angezogen, das Kleid sah aus wie eine weite, lange Kittelschürze und war ebenso auffallend wie kleidsam. Da sie sich solche Extravaganzen fürs Haus selbst anfertigte, hatte die Professorin nichts einzuwenden, selbst wenn ihrer Einzigsten Machwerke für sie völlig unverständlich blieben. Gehörte es doch zu ihrer Erziehungstheorie, Ilses Kindlichkeit so

wenig wie möglich zu beschneiden, daß sie ihr freiere
Willens- und Wesensäußerung einräumte, als man sie
vielleicht sonst einem jungen Mädchen gestattete. Daß
diese Freiheit je gemißbraucht oder nach außen hin miß-
deutet werden könne, dieser Gedanke lag der exklusiven
Dame weltenfern.

Wie gesagt, Ilse langweilte sich, trotzdem sie an alles
mögliche dachte. Dies Leben als kindliches junges Mädchen begann sie anzuöden. Dazu kam, daß der junge,
verliebte Mensch in Robenstadt anfing, ihr ernstlich un-
bequem zu werden. Mußte sie sich ja jetzt sogar wie eine
Ladenmamsell heimlich seine sentimentalen Ergüsse vom
Postamt abholen. Und that sie's nicht, der Hitzkopf wäre
im stande gewesen, herzukommen. Der unglückselige Umstand, daß seine Eltern nach Arberg versetzt waren, mußte
sie ohnehin stets mit dieser Möglichkeit rechnen lassen.
Und dann — es überlief sie. Saß sie doch so schon stets
wie auf glühenden Kohlen, wenn in Sellens Gegenwart
die Rede auf Robenstadt kam. Daß ihm die Möglichkeit
einer Bekanntschaft zwischen ihr und seinem Neffen noch
nie in den Sinn gekommen, war ein reines Wunder.
Freilich — ein wohlbehütetes Pensionsfräulein hat keine
Leutnantsbekanntschaften. Nun, Hans würde ja wohl
diskret sein. Und er mußte ja doch auch eines Tages
vernünftig werden — eines Tages, wenn sie sich einmal
verlobte.

Und sie wollte sich verloben — bald. Mit Sellen?
Er war nicht reich, aber vornehm — von Adel.

Doch er hielt sich zurück, besonders in letzter Zeit zeigte
er sich reserviert — viel reservierter als ihrem Fräulein
gegenüber. Oder lag darin eine Huldigung? Wollte er
ihr so den gesteigerten Grad seiner Hochachtung bezeigen?
Sie rümpfte das Näschen. Aber — wenn sie sich nun
wirklich mit Sellen verlobte — dann — der andere?

Sie sprang auf, reckte und dehnte die geschmeidigen Glieder — er liebte sie ja, der Schwärmer — an seiner Liebe würde sie ihn schon fassen.

Auflauschend unterbrach sie ihren Gedankengang. Im Korridor sprach das Mädchen, darauf eine Männerstimme. Mama und Adelheid waren nicht daheim. Neugierig bog sie den Kopf zur Thürspalte hinaus und rief das Mädchen zu sich mit der Frage, wer draußen sei.

Ein Herr, der dringend Fräulein Angreß oder die Frau Professor zu sprechen wünsche, lautete die Antwort.

Ein Herr — dringend? — Ilse stutzte.

„Ich werde ihn empfangen," erklärte sie darauf mit wenig jugendlicher Bestimmtheit.

Wendelburg betrat den Herbertschen Salon. Die elegante, stilvolle Einrichtung imponierte ihm, er nahm sich vor, der Tochter des Hauses, deren Erscheinen ihm gemeldet war, so weltmännisch wie möglich zu begegnen. Als sie dann aber ins Zimmer hereinrauschte, in ihrer ganzen pikanten, reizvollen Eigenart, war er derartig überrascht von ihrem Anblick, daß sich atembeklemmende Verlegenheit seiner bemächtigte, unter der seine sonstige Keckheit und Selbstzufriedenheit fast erstarb.

Seine Begrüßung und Vorstellung fiel beinahe steif und unbeholfen aus.

Ilses schmale Lippen kräuselte ein Lächeln. Dem hatte sie ja gewaltig imponiert. Lohnte sich's denn überhaupt der Mühe, dem gefallen zu wollen? Sie schaute ihn sich daraufhin genau an.

Hübsch war er nicht, untersetzt, nicht elegant, aber - - Ilses Augen wurden groß und aufmerksam — seine Schlipsnadel nahm sie vollständig für ihn ein, dieselbe war aus einer prachtvollen schwarzen Perle gebildet und mußte ein kleines Vermögen gekostet haben. Der Mann war reich.

Mit vollendeter Liebenswürdigkeit lud sie ihn ein, so lange zu verweilen, bis ihre Mama und das Fräulein heimkehren würden, was jede Minute der Fall sein könne.

„Hörte ich vorhin recht, mein Herr, so fragten Sie nach Fräulein Angreß?" begann sie alsdann tastend, während sie sich in die Sofaecke schmiegte und den in ihrer Nähe Platznehmenden lauernd anblinzelte.

„In erster Linie würde mir daran liegen, die Frau Professor zu sprechen, Gnädigste, wenn auch mein Hiersein sich allerdings um Ihr Fräulein" — er legte einen besonderen Nachdruck auf das Wort — „dreht. Leider darf ich Ihnen gegenüber nicht näher auf meine unerquickliche Angelegenheit eingehen — Sie verzeihen."

Ilse fieberte vor Spannung, dennoch sagte sie gleichgültig: „O bitte, ich bin nicht neugierig, habe mir die Neugierde völlig abgewöhnt — bei unserem Fräulein" — hier hielt sie inne, und einer ihrer naiven Blicke nahm sich Zeit, jeden Zug in Wendelburgs Gesicht zu berühren und diesen die Erwartung der Fortsetzung ihrer Rede so lange auskosten zu lassen, bis er sich nicht mehr enthalten konnte, scherzend und schneidend zugleich zu fragen:

„Hatte Fräulein Angreß" — wieder betonte er eigen das Fräulein — „denn so viel Gelegenheit, Gnädigste, Ihnen Neugierde abzugewöhnen?"

Sie neigte den Kopf mit gesenkten Wimpern, welche sie dann plötzlich hob, um ihn mit Augen, welche Wendelburg nie zuvor lockender gesehen zu haben glaubte, schalkhaft anzublicken.

„Wenn man wie sie jeden Pfeil der Neugierde an Grabesverschwiegenheit abprallen läßt, hört das Schießen bald auf."

Eine verschleierte Antwort. Aufs neue peitschte sie Wendelburgs wütenden Groll.

Die abgefeimte Heuchlerin! Sie hatte guten Grund, hier die Verschwiegene zu spielen. Wie er sie haßte, die ihn verschmähte, ihn, einen Mann, der überall anfragen konnte, vielleicht sogar bei solch einer wie diese Professorstochter, die denn doch die andere ohne Mittel und Herkunft in seinen Augen überstrahlte.

Während er im Gedanken daran ein paar Sekunden finster vor sich hin gebrütet, hatte Ilse sich plötzlich lauschend seitwärts geneigt und war dann aufgestanden.

„Ich glaube, Mama und Fräulein sind soeben heimgekehrt."

Damit huschte sie zur Thür, öffnete dieselbe weit und rief mit ihrer süßesten, kindlichsten Stimme: „Mama — Fräulein Adelheid! Bitte!"

Auch Wendelburg war emporgeschnellt, und so, daß er sie sehen mußte und sie ihn, wenn sie vorüberschritt, stellte er sich unweit des Eingangs hin.

Und dann — ein irrer Laut des Schreckens. Adelheid, die dicht hinter Frau Herbert, dem Rufe Ilses Folge leistend, herbeigekommen war, taumelte gegen den Thürpfosten, schneeweißen Angesichts, versagenden Herzschlages.

In einem Nu war Ilse an ihrer Seite, hatte den Arm um sie gelegt, die Thür hinter ihr zugezogen und darauf harmlos lächelnd der Professorin erklärt: „Der Herr hier wünschte dich und Fräulein Angreß zu sprechen."

„Hugo Wendelburg aus Hartenau." Diesmal, vor der Dame des Hauses, die äußerst befremdet von ihm zu Adelheid und von Adelheid zu ihm blickte, gelang ihm seine Verbeugung in tadelloser Form. „Ihre Fräulein Tochter war so gütig, gnädigste Frau, mir zu gestatten, hier Ihre und meiner Frau Rücklehr abzuwarten."

Die Professorin verfolgte in fassungsloser Verwunderung seine Handbewegung, die auf Adelheid deutete, deren schreckerstarrte Züge ihm nicht widersprachen.

„Ilse, bitte, sieh dir inzwischen draußen die Einkäufe an, die wir gemacht haben."

„Gern, Mama." Die Augen, in denen es bei Wenbelburgs Worten gewetterleuchtet hatte, still gesenkt, folgte sie der Weisung der Mutter und glitt nach flüchtiger Verneigung gegen den Gast zum Zimmer hinaus, wobei sie dicht an Abelheid vorbeistrich und ihr einen interessiert schadenfrohen Blick zuwarf.

„Mein Herr, wollen Sie mir nun, bitte, erklären —"
„Gewiß, Gnädigste," erwiderte Wendelburg. „Meine Anwesenheit hier bezweckt, Sie höflichst zu ersuchen, diese da" — in kaum bemeisterter Wut trat er einen Schritt gegen Abelheid vor — „Ihr Fräulein — meine aus der Nervenheilanstalt in Baden heimlich davongegangene Frau aus Ihren Diensten zu entlassen, damit sie nicht länger Gelegenheit nehme, sich den Pflichten im eigenen Haushalte zu entziehen."

Die Professorin gab keine Antwort, sie strich mit beiden Händen über die Stirn, als müsse sie das Gehörte erst begreifen, dazwischen schickte sie scheue, ungläubige Blicke zu Abelheid hinüber.

Die rührte sich nicht. Sie stand und starrte auf Wendelburg und sah in ihm drohend und hohnlachend ihres Lebens bitterste Wirklichkeit, welche Lüge hieß und ihre gefesselten Füße wieder und wieder zu Fall bringen würde, wohin sie sich auch wenden, welchen Weg sie auch wählen würden.

Ein zitternder Laut rang sich endlich aus ihrer zerquälten Brust, und als Frau Herbert jetzt die Lippen öffnete, eine Frage an sie zu thun, kam sie ihr zuvor, indem sie leise sagte: „Es ist die Wahrheit."

Die Professorin zuckte zusammen; sie mochte anderes erwartet haben. Ihr sonst so gütiges Gesicht wurde kalt und fremd. „Sie werden noch heute unser Haus verlaſſen," erllang ihre Stimme in eiſiger Schärfe. „Sie aber, atein Herr," fuhr ſie mit halber Wendung gegen Wendelburg fort, „haben wohl die Freundlichkeit, Ihre Privatangelegenheiten mit Ihrer Frau außerhalb dieſes Raumes zu erledigen."

Ein flüchtiges Kopfneigen, und die Profeſſorin hatte das Zimmer verlaſſen.

Wendelburg, wohl oder übel, mußte gleichfalls gehen, doch that er es nicht, ohne Abelheid nicht noch ein heiſeres „Wir ſprechen uns weiter!" zuzuſchleudern.

Dann war auch er hinausgeſchritten, und ſie war allein mit ſich und ihrem namenloſen Jammer. Ein Schauder nach dem anderen ſchüttelte ihren ſchlanken Leib, ſie fühlte ſich elend werden, jedes Glied ſchmerzte ihr vom erſten tiefen Fall, den ſie gethan auf dem harten, ſteinigen Pfade „Ich will". Er hatte ſie zu Fall gebracht, und ſie hatte es ihm leicht gemacht, da ſie ſich mit Lügen umſtrickte. Was aber nun — was nun, ſelbſt wenn ſie fortan wahr ſein wollte?

Sie wußte, dann blieb der Weg nicht oben und führte auch nicht bergauf, ſondern hinunter von der Höhe, auf der ſie ſich trotz ihrer abhängigen Stellung in dieſem Hauſe gefühlt, dann würde ſie keiner Familie mehr angehören, dann würde ſie hinaus müſſen in den rückſichtsloſen, einſamen, erbarmungsloſen Kampf ums Leben. Und ſie würde frei ſein, frei — vogelfrei. Und fort von hier würde ſie müſſen, fort aus ſeiner Nähe, aus ſeinen Augen, aus ſeinem Gedächtnis! Ausgelöſcht in ſeiner Achtung würde ſie ſein, wenn er es erführe — wie erführe — durch wen erführe — durch Ilſe!

Das war das Schlimmſte von allem.

Die Hände ins leuchtende Haar gekrampft, brach ſie ſtöhnend auf einem Stuhl zuſammen, als Schritte in ihrer Nähe ſie ſofort wieder aufſchreckten.

Die Professorin stand vor ihr und blickte ein wenig milder als vorhin auf sie hernieder. Da quoll es heiß empor aus Abelheids Innerem, und sie neigte ihre Lippen auf Frau Herberts Hände.

„Verzeihen Sie, meine liebste, gnädigste Frau, daß ich Sie belog."

Wieder und wieder stammelte ihr bebender Mund die gleichen Worte, und dennoch wurde ihr keine andere Antwort als der halb mitleidige, halb anklagende Blick der Professorin, der sie ausschied aus dem Leben, das sie hier kennen gelernt hatte, und sie den Parias, den Abenteurerinnen zugesellte.

Es wurde an die Thür gepocht.

„Fräulein Erhard bittet die gnädige Frau um eine Unterredung," meldete das ins Zimmer hereinblickende Mädchen. „Sie war schon einmal da heute morgen."

„Ich lasse bitten," entgegnete die Professorin. Und an Abelheid gewandt: „Sie packen wohl indessen auf Ihrem Zimmer Ihre Sachen."

Noch einmal rann ein Beben durch Abelheids Gestalt, ihre Hände strichen langsam an den Schläfen hinab, dann schritt sie hinaus.

Zehntes Kapitel.

Ilse hatte sich lautlos wie eine Katze in Abelheids Stube geschlichen und lippte der ganz versunken zum Fenster Hinausstarrenden leicht auf die Schulter.

„Ich muß Ihnen doch adieu sagen, Sie schöne, falsche Hexe," lachte sie leise. „Sie imponieren mir riesig. Warum haben Sie sich mir nicht anvertraut?"

Mit einem Ruck hatte sich Abelheid ihr zugekehrt. „Weil ich Sie verachte!" stieß sie der jäh zurückweichenden

Ilse ins erbleichende Antlitz und stürzte wie sinnlos zum Zimmer hinaus.

Die Selbstbeherrschung hatte sie verlassen, diesem verlogenen, heuchlerischen Geschöpf gegenüber, dieser Schlange, die lauernd um die Mauern seines Paradieses, seines Herzens Frieden strich. Und sie würde es sein, die es ihm sagte, sie würde ihm verraten, was sie hinter der Thür erlauscht hatte, und sie würde es sein, die ihr Bild aus des geliebten Mannes Seele tilgte. Nein, nicht jene! — Nein — nein! Tausendmal eher Angesicht in Angesicht mit ihm die Sonne verlöschen sehen, als von Ilses verlogenen Lippen die Flamme freundschaftlicher Achtung ausblasen lassen, die sich in ihm entzündet hatte.

Nein, lieber wollte sie selbst —

Hut und Mantel vom Ständer reißend eilte sie den Korridor hinab, hinaus auf den Treppenflur, ohne zu wissen, wohin es sie drängte, was sie beginnen wollte.

Es selbst ihm sagen! War sie denn wahnsinnig? Gewaltsam löste sie ihre Sinne aus dem roten, verwirrenden Schleier, den das heiße junge Blut um sie gewoben; doch immer von neuem wieder schlang er sich bethörend um ihr Fühlen und Denken. Er sollte sie nicht verachten, er sollte sie nicht aus seiner Erinnerung bannen — und wenn die Welt darüber zusammenstürzen sollte! Sich dies einzige Lebensglück, seine Achtung, zu retten, das sollte ihr wohl gelingen. Und sie wußte jetzt, was sie zu thun hatte. Ein paar braune Augen, die in ihr Zweifeln und Zögern hineingeschaut, hatten es ihr plötzlich eingegeben, seiner Schwester Augen waren es gewesen, die ihr zugerufen hatten: „Komm zu mir, ich werde dich verstehen, ich werde dich nicht verstoßen, und ich werde mit sanften Schwesterhänden die seinen halten, wenn sie dir ein Grab graben wollen."

Ja, zu ihr — zu seiner Schwester wollte sie!

Als ob ein neuer Lebensstrom durch ihre Glieder rinne, so flog sie auf die Straße hinaus. Schrägüber befand sich ein kleines Restaurant. Als sie an demselben vorüberschreiten wollte, trat Wendelburg daraus hervor.

„Endlich!" sagte er und war mit einem Schritt an Adelheids Seite. „Du hast mich lange warten lassen. Nun, sind deine Sachen gepackt, hast du Abschied genommen, hast du deinen Lohn eingesteckt, und hast du eingesehen —"

„Ich habe eingesehen, daß du ein Lump bist," unterbrach sie sein lächelndes, siegessicheres Höhnen, „und wüßte ich nicht längst, daß ich recht gethan, als ich noch in letzter Stunde von dir ging, so würde ich es jetzt wissen."

„Adelheid" — er suchte ihre Hände an sich zu ziehen und konnte es doch nicht, denn die Straße war nicht einsam — „Adelheid, ja, ich hasse dich, ich werde dich verfolgen, von jedem Platze stürzen, den du dir suchst, aber — begreifst du's denn nicht, daß mein Haß nur Liebe ist? Ich liebe dich und kann dich nicht lassen!"

Wie er sich auch müht, seiner Stimme den zitternden Ton herzbebender Leidenschaft zu geben, um Adelheids Lippen zuckt ein ungläubig verächtliches Lächeln.

„Nennst du es Liebe, wie du um mich geworben, wie du mich gewonnen und mich festgehalten? Liebe — was weißt denn du von Liebe!"

Ihre schönen Augen fliegen über ihn hinweg, und ihn packt wilder und rasender das Verlangen, sie sich zurückzugewinnen.

„Sei mein," keucht er und hascht nun doch nach ihrer Hand — „komm mit mir, und ich will vergessen, was du mir thatest. Doch thust du es nicht, dann" — er ist vor ihr stehen geblieben, trotz der freien, menschenbelebten Straße, sein glühendes Gesicht nähert sich dem ihren — „dann werde ich dich verfolgen bis an dein Lebensende."

„So thu's!" Kühn hatte sie den Kopf erhoben, kühn war der Blick, mit dem sie ihn maß. „Thu's! Zwinge mich, wenn du es kannst, die Sünde zu vollenden, die ich begonnen. Zwinge mich!"

Auge in Auge standen sie voreinander still.

„Zwinge mich," wiederholte sie noch einmal. „Welches Gesetz kann mich zwingen, Sünde zu thun? Keines! Gott ist die Liebe, und wer gegen die Liebe sündigt, sündigt wider ihn."

„Du bist ja namenlos überspannt."

Ueberzeugung sprach aus ihm, ja sie sänftigte sogar seinen Stimmenklang. „Was soll denn aus dir werden, wenn du bei deinem Wahnsinn verharrst?"

„Was aus mir werden soll?" Sie lächelte. „Eine Bettlerin meinetwegen, aber eine Bettlerin unter Gottes freiem Himmel, eine Königin gegen die Bettlerin, die ich sein würde, müßte ich aus deinen Händen mein täglich Brot empfangen."

Noch ehe er ein Wort zu erwidern vermochte, war sie über die Straße geflogen und hatte sich auf einen vorüberfahrenden Pferdebahnwagen hinaufgeschwungen.

Sie einzuholen, war unmöglich. Mit einem Fluch schaute Wendelburg ihr nach. Mit Blitzesschnelle schossen die Gedanken, wie er ihrer wieder habhaft werden könne, ihm durch das Hirn. Vermutlich würde sie zunächst Unterschlupf bei der Malerin suchen. Doch noch befanden sich ihre Habseligkeiten bei Professors, und es war nicht ausgeschlossen, daß sie nochmals dahin zurückkehrte. Er beschloß zunächst auf dem Wege zwischen den beiden Wohnungen hin und her zu patrouillieren und sollte sein Pflastertreten Stunden dauern. Lief sie ihm dann nochmals in den Weg, so sollte sie einen anderen in ihm kennen lernen als vorhin.

Scharf mit dem Stock bei jedem Schritte aufstoßend,

beginnt er seine Wanderung, die Adern an seinen Schläfen
sind zum Zerspringen geschwellt, seine Lippen öffnen und
schließen sich, er hat Mühe, sich zurückzuhalten, daß er
nicht laut in rohes Toben ausbricht, wie er es daheim zu
thun gewöhnt war, wenn einmal einer seiner Arbeiter es
wagte, dem erbarmungslosen, heimlich tausendfach gehaßten
Fabrikherrn die Stirn zu bieten. —

Adelheid hat indessen bereits wieder den Pferdebahnwagen verlassen, in welchen sie sich vor Wendelburg hineingeflüchtet, und hetzt durch enge, dunkle Gassen wie eine
Verfolgte, oder als würde sie vorwärts gestoßen von dem
Gedanken, der in ihre verwirrte Seele geflattert war und
nun darin mächtiger und mächtiger die Flügel regte, um
sie dahin zu drängen, wohin er sie führen wollte — zu
jener stillen, vornehmen Frau, deren Augen sie riefen:
„Komm, ich werde dich verstehen, denn auch ich bin eine
derer, die da Leid tragen."

Sie merkt es kaum, wie der eisige Wind ihr am Mantel
reißt, wie er ihren Körper durchschauert. Ihre Wangen
brennen. Und nun hat sie ihr Ziel erreicht. Ohne Zaudern öffnet sie die Hausthür und tritt in den von einer
matten Ampel spärlich erleuchteten, stillen Treppenflur.
Nie zuvor war sie in dem Hause, Ilse hatte nur einmal
im Vorübergehen darauf hingedeutet mit dem Bemerken:
„Da wohnt Sellens Schwester."

Bis zum ersten Treppenabsatz ist Adelheid emporgestiegen, da bleibt sie stehen, schaut um sich, und die
Fremdheit ihrer Umgebung wirkt auf sie wie jähes Erwachen.

Was wollte sie denn beginnen — wohin wollte sie?
Zu einer Dame, die sie ein einziges Mal gesehen hatte,
der sie fremd war wie diesem Hause hier! Und was
wollte sie ihr sagen, warum sie zu ihr kam, gerade zu
ihr? Die Wahrheit? Daß ihr Bruder es gewesen, dessen

plötzliches Erscheinen in entscheidender Stunde ihrer irrenden Seele den rechten Weg gewiesen hatte?

Ihr Kopf sinkt zur Brust hinab, ihr Fuß gleitet von den Treppenstufen zurück. Gegen die Wand gelehnt steht sie wieder drunten im Flureingang. Jetzt spürt sie den Novembersturm, der sie draußen umschauert hat, ihr Körper bebt vor Frost, ihr ist's elend an Leib und Seele. Aber sie kann doch nicht rasten hier. Müde schleppt sie sich vorwärts, der Haustthür zu. Da wird dieselbe von draußen aufgestoßen.

„Fräulein Angreß — Sie?"

Robert v. Selken hat es gerufen. Bestürzung klingt aus seiner Stimme, und bestürzt ruht sein Blick auf ihrem hilflos verstörten Antlitz.

„Ja — ich. Ich bin in dies Haus eingetreten, weil ich —"

Er fällt ihr in die Rede. „Ich möchte gerne glauben, Sie hätten meiner Schwester, die so starke Sympathie für Sie hat, einen Besuch machen wollen, allein Ihr Aussehen legt mir eher die Furcht nahe, es habe Sie ein Unfall in dies Haus getrieben."

„Der Sturm —" sagt sie und ihre Stimme klingt wie von ferne her.

„Der Sturm hätte dich so verwandelt?" fragen ungläubig seine Blicke. „Dann muß er in dir toben, denn der da draußen um das Haus weht, hätte nicht so den Glanz deiner Augen verlöscht."

Er wendet die seinen ab von ihr, um seine Brust beginnt es sich zu spannen wie ein schwerer Ring, während er sich müht, einen scherzhaft leichteren Ton anzuschlagen.

„Wenn das unwirsche Wetter Sie ängstigt, Fräulein Angreß, so vertrauen Sie sich meinem Schutze an. „Mit meinem Mantel vor dem Sturm" — Sie wissen doch die Fortsetzung?"

„Beschütz' ich dich," vollendet sie mit starrem Lächeln.

Fester umspannt der Ring seine Brust. „Meine Schwester würde es mir nicht verzeihen, wenn ich Ihnen nicht meine Begleitung aufdrängte. Oder — wär's nicht das vernünftigste, Sie kämen zunächst herauf und ließen sich droben von ihr mit einer Tasse Thee aufwärmen?"

Er hat sich zu ihr herabgebeugt und schaut sie mit lächelnder Ueberredung an.

Doch heftig fast schüttelt sie den Kopf. „Nein, nein nicht jetzt!"

„Dann also gestatten Sie mir —"

Seine Hand hat die Thürklinke gefaßt.

„Sprich zu ihm, sag ihm alles, alles," hämmert Adelheids Herz. „Dein Schicksal hat ihn dir in den Weg geführt."

Das unstete Flackerlicht in ihren Augen erlischt, und als Selten nunmehr die Hausthür öffnet, schreitet sie ruhig entschlossen vor ihm her auf die Straße.

„Wohin darf ich Sie führen?" fragt ihr Begleiter, an ihre Seite tretend. „Vermutlich nach Hause, nicht wahr?"

„Ich habe in dieser Stadt kein Heim mehr," kommt es langsam, aber klar von ihren Lippen.

Schreck zuckt von seinem Antlitz zu dem ihrigen hernieder. „Sie sind nicht mehr bei Herberts? Sie wollen fort von hier, Fräulein Angreß?"

Wie er das sagt, wie in seiner Stimme gequälte Unruhe schwankt! All die dumpfe Starrheit und Mutlosigkeit der letzten Stunde fällt ab von ihr, und ein heimlich Hoffen, es könne doch noch einmal alles hell und licht werden in ihrem Leben, umspinnt ihre Züge mit rührender Weichheit, während sie, zu ihm aufblickend, leise antwortet: „Ich muß fort."

Sie mußte fort! Das also war's, was sie so verstört

und durcheinander gerüttelt hatte. Der Ring um des
Doktors Brust löst sich, befreit atmet er auf, trotz des
Mitleids, das ihn wie eine warme Welle überflutet. Armes
Kind, das sich bei Fremden sein Brot verdienen mußte!
Vielleicht um einer Nichtigkeit willen war der Bruch mit
Professors erfolgt; sie hatte wohl nicht die glücklich leichte
Art, solche Mißhelligkeiten wieder einzurenken. Schutzlos
und verlassen stand sie auf der Straße, und — in das Haus
seiner Schwester hatte sie sich geflüchtet — vor dem Sturm.

„Fräulein Adelheid" — zum erstenmal nennt er sie
beim Vornamen, und er thut es so weichen Tones, wie
noch nie ein Mensch zu ihr gesprochen — „wollen Sie
mir anvertrauen, was Ihnen geschehen ist?"

Die scheuen Blicke bemerkend, mit denen sie jedem
Vorübergehenden auszuweichen trachtet, biegt er von dem
hell erleuchteten, belebten Trottoir der stillen Mittelpromenade der Straße zu und sagt lächelnd: „Hier gehen wir
gemütlicher. Und nun, Fräulein Adelheid, können Sie
mir sagen, warum Ihr schönes Einvernehmen mit Professors gestört, hoffentlich nur vorübergehend gestört ist?"

In die großen, dunklen Augen, die sie ihm zukehrt,
fällt der Wiederschein der Laterne, unter welche sie getreten
sind und verdoppelt mystisch ihr eigenes Leuchten tiefster
Erregung.

„Nein, für immer," entgegnet sie seiner Frage, „für
immer. Und darum sollten Sie, bevor ich fortgehe von
hier, wissen —"

Die Stimme erstirbt ihr vor dem Blick, mit dem er
sich herniederbeugt zu ihr.

„Ich sollte es wissen, Fräulein Adelheid - ich?"

Ihr Antlitz taucht sich in Glut. Sie nickt und flüstert
kaum hörbar: „Ja. Ich hatte mich Ihrer Frau Schwester
anvertrauen wollen. Was Sie von ihr erfahren hätten,
wäre mein Abschiedswort für Sie gewesen."

Also hatte sie wirklich zu seiner Schwester gewollt, in ihrer Verlassenheit! Und warum gerade zu seiner Schwester?

Er hält den Schritt ein, bleibt vor sich selber stehen wie vor einem Fremden. Was da in ihm, dem Mann der ruhigen Gefühle, der klaren Selbstbeherrschung, emporschlug, was über ihm zusammenflammte wie helle lobernde Glut — was war das? Und was war es, das dies stolze, schöne Geschöpf da vor ihm so weich machte, so fast demütig sanft? Was war es gewesen, das ihn in letzter Zeit, seit er sie singen gehört droben auf der Bergeshöhe, seit ihr bangender Angstruf um ihn an sein Herz geklungen war, so seltsam zu ihr gezogen hatte?

„Fräulein Adelheid" — er faßt ihre Hand, drückt sie fester, inniger noch, wie an jenem Abend, da er „Auf Wiedersehen" zu ihr gesprochen. Und wie sie ihre Hand selbstvergessen in der seinen ruhen läßt, so hängt auch ihr Blick in dem seinen, als sei er der Pilot, dem sie sich vertrauend mit ihrem sturmverschlagenen Fahrzeug überantwortet — „Fräulein Adelheid —"

„Mein Herr, sollte ich mich täuschen, Ihnen eine Ueberraschung zu bereiten, mit der Neuigkeit, daß dies hier meine Frau ist?"

Kaum den Hut lüftend, fast sinnlos vor eifersüchtiger Wut, ist Wendelburg wie aus dem Boden gewachsen vor den beiden Hand in Hand Stehenden aufgetaucht.

Mit einem Gesicht, als wolle sie sterben, sinkt Adelheid lautlos in sich zusammen.

Selten aber hat im ersten Augenblick, noch kaum zum eigentlichen Bewußtsein von Wendelburgs Worten gekommen, nur dessen brutalen Ton hörend, sein höhnisch verzerrtes Gesicht sehend, eine jähe Handbewegung gemacht — der Seite zu, wo einst der Offizier die Waffe getragen. Dann aber starrt er auf Adelheid, fassungslos, voll wilden

Unglaubens, und sein Blick schreit es ihr zu: „Sprich - rede — straf ihn Lügen!"

Und sie spricht zu ihm — auch mit einem Blicke, den sie zu dem seinen hebt und wieder senkt — tief, tief tief, hinab.

Eine Sekunde steht Selken wie versteinert, dann voll eisiger, unnahbarer Höflichkeit wendet er sich und schreitet hochaufgerichtet davon.

Ein schneidendes Hohnlachen klingt auf. „So! Nun zu uns beiden!"

Wendelburgs Arm streckt sich gegen Adelheid aus, da aber schnellt deren Gestalt zurück, und aus dem todbleichen Gesicht blitzen die schwarzen Augen so wahnsinnswild auf ihn hernieder, daß er es fühlt, er darf nicht weitergehen in diesem Augenblick.

Er läßt sie die Straße hinabhetzen und murmelt ihr nach: „Lauf nur, lauf — mir entläufst du nicht!"

(Fortsetzung folgt.)

Die Frau des Arztes.

Novellette von Friedrich Thieme.

✣

Mit Illustrationen von Richard Mahn. (Nachdruck verboten.)

„**O**b ich wohl Theodor gefallen werde?"

Die Worte kamen als eine Frage aus dem Munde der schönen jungen Frau, aber ihr strahlendes Lächeln spiegelte ihre Ueberzeugung wider, daß es so sein werde. Im weißen, prachtvollen Ballkleide stand sie vor dem Spiegel, eifrig bemüht, ihren goldenen Schmuck wirkungsvoll zu befestigen, während das Mädchen hinter ihr auf dem Boden kniete, mit geschäftigen Händen den schneeigen Stoff zurechtzuzupfen und die Fältchen darin zu glätten.

„Wo er nur bleibt?" murmelte Else besorgt.

Da klingelte es draußen, eilig erhob sich das Mädchen; aber die junge Frau hielt es hastig zurück.

„Es wird mein Mann sein, Emma; bleiben Sie, ich werde selbst aufmachen und ihn überraschen."

Auf leisen Zehen trippelte sie hinaus und öffnete die Thür.

„Nun, Theod-"

Verwirrt hielt sie inne und preßte die Lippen zusammen. Die derbe, vierschrötige Gestalt, die ihr mit gutmütigen blauen Augen entgegennickte, gehörte nicht dem Erwarteten an, sondern einem Mann in blauer Arbeitsbluse, dem Typus des echten Fuhrmanns, als den ihn die Peitsche in seiner Hand in der That legitimierte.

„Was wünschen Sie?"

Der biedere Wagenlenker antwortete nicht sogleich; die blendende Erscheinung vor ihm verwirrte seine unverwöhnten Sinne. Endlich sich fassend brachte er langsam heraus: „Gu'n Ab'nd auch — ist der Herr Doktor da?"

„Bedaure, nein," antwortete Else kurz, denn sie stand im Begriffe, einen Ball zu besuchen, und es lag ihr nichts daran, den ohnehin so spät eintreffenden Gatten noch länger aufgehalten zu sehen.

„Das ist dumm," brummte der Fuhrmann enttäuscht.

„Was wollen Sie von ihm? Die Sprechstunde ist längst vorüber."

„Ich komme ja auch nicht für — für meine Wenigkeit," antwortete er treuherzig, mit einem Versuche, sich recht gebildet auszudrücken. „Mich schickt die Fliednern aus Großwelsen, ihr Kleines ist plötzlich krank geworden, der Herr Doktor soll gleich 'nauskommen."

Jetzt war es die junge Frau, die den Mann mit bestürzten Blicken ansah.

Großwelsen! Wie fatal! Großwelsen lag zwei Stunden von der Stadt entfernt; der Wagen brauchte hin und zurück mindestens ebensolange, die Zeit nicht mitgerechnet, welche der Aufenthalt im Dorfe erforderte. Dabei hatte es schon Acht geschlagen, es war die höchste Zeit zum Aufbruch. Drei Stunden verlieren, hieß auf den ganzen langersehnten Ball Verzicht leisten.

„Ist das Kind denn gefährlich krank?" fragte sie kleinlaut.

Der Bote zuckte die Achseln und verzog Mund und Augen als Zeichen der Bedenklichkeit.

„Weiß halt nicht," sagte er in seiner schwerfälligen Weise. „Die Fliednern hat mir nur gesagt, der Herr Doktor möchte ja kommen."

„Gut, ich will es ihm sagen, sobald er nach Hause kommt."

„Danke schön. Vergessen Sie's aber nicht — die Fliednern in Großwelsen — das kleine Haus hinterm Gasthof — die im vorigen Sommer vom Pferd geschlagen worden ist."

Else nickte nur zur Erwiderung und schloß die Thür. Die Thränen traten ihr in die sanften braunen Augen, ein wehes Gefühl krampfte ihr die Brust zusammen.

Resignieren und immer resignieren! Seit achtzehn Monaten war sie nun mit Doktor Brünner verheiratet, und noch nicht dreimal hatte sie seitdem ein ihrer Jugend angemessenes Vergnügen gehabt. Der vielbeschäftigte, gewissenhafte Mann fand vor seinen Patienten Tag und Nacht keine Ruhe, kaum der dritte Teil seiner Nächte verging ohne Störung. Und nahmen sie sich ja einmal etwas vor, in einer Zeit, wo der Andrang geringer schien und alle Aussichten des fröhlichen Gelingens gegeben waren, so konnte sie sicher sein, daß gerade im entscheidenden Augenblicke eine Berufsabhaltung den Arzt an der Erfüllung seines Versprechens verhinderte. Freilich war es ehrenvoll für ihn, und sie war stolz darauf, die Gattin eines so vielbegehrten, angesehenen Mannes zu sein; aber sie war doch noch so jung! Sollte sie schon auf alle harmlosen Belustigungen ihres Alters verzichten? Seit einem vollen Vierteljahre hatte sie sich auf diesen Ball gefreut; ihr Gatte hatte ihr so fest versprochen, sie dahin zu begleiten, und wie schön hatte sie sich geschmückt, um ihm zu gefallen, ihm Ehre zu machen! Nun kam noch im letzten Moment der ungeschlachte Mensch und verdarb ihr den ganzen köstlichen Abend.

„Die dummen Kinder, sie müssen auch immer krank werden!" schluchzte Else, ihr hübsches Antlitz der dunklen Ecke neben der Thür zulehrend, damit Emma, wenn sie ihr etwa nachfolge, ihre Thränen nicht sehe. „Warum habe ich auch einen Arzt geheiratet! Es ist ein schreckliches Los, die Frau eines —"

Erschrocken über ihre eigenen Reflexionen hielt sie inne und versicherte sich in heftiger Reue zehnmal hintereinander, daß sie das nicht im Ernste meine; daß er ja ihr lieber, guter, edler, herziger Mann sei, den sie über alles liebe, über alles auf der Welt.

Da stieg plötzlich ein rettender Gedanke in ihr auf. „Ach was," murmelte sie, „allemal sprengen sie den armen Theodor weit fort oder gar des Nachts aus dem Bett, und dann ist's nicht der Mühe wert. Ich werde es ihm gar nicht sagen. Der Arme hat wirklich eine Ablenkung und Zerstreuung nötig; er weiß ja gar nicht mehr, daß er lebt. Es ist meine Pflicht als sein Weib, dafür zu sorgen."

Und indem sich Else so einredete, daß sie nur im Interesse ihres Gatten handle, während es ihr im Grunde doch nur um ihr Vergnügen zu thun war, öffnete sie die Vorsaalthür ein wenig und beugte sich horchend auf den Gang hinaus, von der Furcht gepeinigt, der Bote, der mit polternder Langsamkeit die Treppe hinuntertappe, könne ihrem heimkehrenden Gatten noch in den Weg laufen. Ordentlich erleichtert atmete sie auf, als die Hauspforte sich hinter dem Fuhrmann schloß. Dann eilte sie zurück in das Zimmer, die letzte Hand an ihre Toilette zu legen.

Wieder klingelte es.

„Theodor!" murmelte sie zusammenzuckend.

Es war in der That der Doktor. Heiter und liebenswürdig wie immer trat er herein, umarmte und küßte Else, betrachtete sie bewundernd von Kopf bis zu den

Füßen, küßte sie noch einmal und sagte mit stolzem Lächeln: „Wie hübsch du bist, liebe Else, und wie schön du dich geputzt hast!"

„Wir werden doch gehen?" fragte Else besorgt.

„In zehn Minuten bin ich fertig," erwiderte er, sich

seinem Zimmer zuwendend. Mit der Hand auf dem Drücker blieb er nochmals stehen. „Hat inzwischen jemand nach mir gefragt?"

Else zuckte zum zweitenmal zusammen. Das Gesicht zur Seite kehrend, um die aufsteigende Glut zu verbergen, warf sie gezwungen gleichgültig hin: „Ich weiß nicht — nein, doch wohl nicht -- steht nichts auf der Tafel?"

„Nein, mein Herz."

„Also um so besser! — Aber beeile dich, Theodor, es ist schon spät."

Als er hinaus war, entrang sich ihrer Brust ein tiefer, tiefer Atemzug. Sie hatte gelogen. Zum erstenmal — nicht in ihrem Leben, denn wer von uns hätte als Kind nicht einmal das böse Beispiel anderer nachgeahmt? — wohl aber, seitdem sie wußte, was lügen bedeute. Indessen — handelte sie nicht aus Besorgnis für ihn? Else rief ihre ganze Philosophie ins Feld, um über ihr besseres Gefühl zu triumphieren. In der Kunst der Selbsttäuschung sind wir ja alle Virtuosen. Einmal war sie schon fest entschlossen, es ihm doch noch zu sagen. Sie steckte den Kopf zu ihm ins Zimmer, sah ihm einen Augenblick zu, wie er sich rasierte, und rief in einem Tone, den sie so unbefangen wie möglich gestaltete: „Theo, wenn nun jetzt noch jemand nach dir verlangte, ließest du mich da im Stiche?"

Doktor Brünner ließ das Rasiermesser sinken. „Wenn es sich um einen dringenden Fall handelt, Kind —"

„Könntest du da nicht einen Vertreter schicken? Einen Kollegen bitten?"

„Else, du weißt, die Stärke unserer Mittel hängt zum guten Teil von der Stärke des Vertrauens ab, das der Patient zu seinem Arzt empfindet. Wer seine Hoffnung auf mich gesetzt hat, wird einen Fremden nicht mit demselben Vertrauen empfangen, auch kann ich wie jeder Mensch nur für mich selbst, nicht für einen anderen stehen, und wenn der Ruf ihn als noch so ausgezeichnet hinstellt."

Die junge Frau seufzte. „Ich kann es ihm doch nicht sagen," dachte sie und schloß unruhig die Thür.

Sie kämpfte noch fort, bis beide in den Wagen stiegen. Sie kämpfte weiter während der Fahrt. Sie rang mit sich wie eine Heldin. Bestehen wir doch oft um die nichtigsten Dinge die heftigsten Kämpfe. Röte und Blässe wechselten auf ihren Wangen, ihre Brust hob sich von Zeit zu Zeit in stürmischer Aufregung. Dem erfahrenen Psychologen konnte das seltsame Farbenspiel ihres Gesichts ebensowenig entgehen, wie die nervöse Hast ihrer Bewegungen, das leise Beben ihrer Lippen, der flimmernde Ausdruck ihrer Augen.

„Was hast du denn nur, Else?" forschte er. „Du bist so aufgeregt."

„Aufgeregt? Ich?"

„Du freust dich wohl so sehr auf den Ball?"

„Ja, Theo."

Er lächelte und ergriff ihre Hand. „Ihr Frauen seid doch alle gleich," meinte er gutmütig. „Was ihr nur an dem bißchen Herumhüpfen so Elektrisierendes findet?"

Else antwortete nicht, sie versuchte nur zu lächeln.

Nun erschien der Augenblick, in dem sie während des ganzen Tages geschwelgt: sie traten in den festlich erleuchteten, glänzend ausgestatteten Ballsaal. Aber wie ganz anders war die Wirklichkeit als der Traum! Die Atmosphäre des Raumes erschien ihr schwül und drückend, und obwohl der Glanz der Flammen ihre Augen blendete, so war er doch nicht stark genug, ihr nagendes Gewissen zu beläuben. Eine Minute lang stand sie gleich einer Statue, unentschlossen, ob sie weitergehen oder umkehren sollte. Da erklangen die verführerischen Töne eines

Walzers, die Musik übte ihre suggestive Gewalt aus. Ein Lächeln erschien auf ihren Lippen; mit fröhlich klopfendem Herzen folgte sie ihrem Gatten zum Tanze.

Während sie mit ihm dahinschwebte, glühte ihr Antlitz, strahlten ihre Augen*). Der berauschende Einfluß des Rhythmus hatte sie erfaßt, vor ihm entschwanden immer mehr die unheimlichen Gespenster ihrer Seele.

Noch etwa eine Stunde lang war es ihr während der Pausen, als ob sie aus einem Rausch zum Bewußtsein einer unbekannten Gefahr erwache, aber ihre Angst sank grabweise herab, und schon beim fünften Tanz hatte ihr Herz den Normalpunkt seines Empfindens wieder erreicht. Und immer stärker wurde der Rausch, immer freudiger klopften die Pulse, immer strahlender wurden die Blicke, immer purpurner die Wangen — ja, sie war sich bewußt, förmlich unterzutauchen in der schäumenden Flut des Vergnügens, und zuletzt vergaß sie völlig, was sie bedrückt hatte.

Sie fühlte sich frei, wohl und heiter.

Ihr Gatte las Entzücken in den Blicken des geliebten Wesens, und das bildete seinen Anteil an dem allgemeinen Genuß.

Doch sonderbar — Else hatte geglaubt, sie hätte das Gespenst im Innern besiegt, und doch, als der letzte Ton der Musik verklungen war, stand es plötzlich wieder vor ihr, schwärzer anzusehen als vorher. Durch den dichten Nebel der Aufregung hindurch, durch den sie sich vor ihm geschützt wähnte, erblickte sie es als drohenden Schatten. Alle Wirkungen der Wonne des Abends verschwanden wie durch Zauberschlag, der Tanz, die Musik, der Saal, die prachtvollen Toiletten, das Lachen, alles kam ihr auf einmal schal und erbärmlich vor.

*) Siehe das Titelbild.

Zitternd folgte sie ihrem Gatten nach dem Wagen, einsilbig saß sie während der Fahrt neben ihm. Vor ihrem Geiste stand immer und unausgesetzt das Phantom und — sie hätte laut aufschreien mögen — trug es nicht die Züge eines Kindes? Eines Kindes, dessen Mund zum Weinen verzogen war, dessen Augen in Thränen schwammen, dessen kleine Muskeln der Schmerz verzerrt hatte? Und hinter der zarten Figur hob sich drohend der Arm der unglücklichen Mutter, aus dem Dunkel der Nacht heraus starrte ein verzweiflungsvolles Gesicht sie an.

Der Arzt lehnte müde in seiner Ecke, müder von dem ungewohnten Vergnügen als sonst von der nächtlichen Ausübung seiner beruflichen Pflicht. Er schlummerte halb, so daß die unnatürliche Erregung der jungen Frau ihm entging. Plötzlich fuhr sie zusammen und faßte krampfhaft seinen Arm. Er schrak empor.

„Was — was ist denn?"

„Hörst du nicht das Klingeln an unserem Hause? Es verlangt jemand nach dir."

Gerade hielt der Wagen vor dem Hause. Der Arzt richtete, rasch ermuntert, den Kopf auf und horchte.

„Wahrhaftig, du hast recht — das nennt man Pech, Kind. Ich bin so müde wie noch nie."

Der Doktor sprang schnell heraus, half seiner Frau beim Absteigen und trat dann hastig auf einen Mann zu, der aus Leibeskräften an seiner Nachtklingel zog.

„Suchen Sie den Doktor Brünner?"

„Jawohl."

„Der bin ich. Was soll's?"

„Ich war heute schon einmal bei Ihnen," versetzte der Mann im Tone bescheidenen Vorwurfs. „Warum sind Sie nicht gekommen, Herr Doktor? Die Fliednern ist außer sich, das arme Kind liegt in Krämpfen, es kann jeden Augenblick sterben."

Sterben! Wie Donner drang das Wort in die Ohren der armen jungen Frau. Was hatte sie gethan! Wie hatte sie es nur thun können!

„Sie waren schon einmal da?" fragte der Arzt betroffen. „Wann denn?"
„Gestern abend gegen Acht."

„Und wem haben Sie den Auftrag hinterlassen?"

„Eine Dame in einem weißen Kleide war ba, sie versprach mir, es Ihnen zu sagen."

„Warten Sie einen Augenblick," rief der Arzt mit eigentümlich bebender Stimme. „Ich bin sofort wieder unten, ich will nur noch meine Frau hinaufbegleiten. Sie können gleich mit mir zurückfahren."

Nachdem er den Kutscher seines Wagens, der sich nur widerstrebend zu der nächtlichen Exkursion verstand, für die neue Fahrt gewonnen, reichte er Elsen den Arm und führte sie die Treppe hinauf in das Wohnzimmer. Ihr Arm zitterte in dem seinigen. Er sprach kein Wort, bis er die Thür hinter sich geschlossen hatte.

„Hast du den Mann empfangen, Else?"

„Ja, Theo, ich — ich —" sie sah ihn ängstlich an. „Ich habe es vergessen, es dir zu sagen."

„Vergessen?" fragte er zweifelnd.

Else richtete sich auf. „Ich will nicht lügen, Theo, ich habe es nicht vergessen." Dann sank sie auf einen Lehnstuhl und preßte die Hände vor die Augen.

Doktor Brünner stand einen Augenblick wie gelähmt, aber er raffte sich sofort zusammen.

„Ich hoffe, daß du kein Unglück angerichtet hast, Else," sagte er leise und eilte, ohne sich erst die Zeit zu nehmen, sich umzukleiden, hinaus und die Treppe hinab.

Die junge Frau blieb in qualvoller Verzweiflung allein. Sie weinte und schluchzte, sie rang die Hände und barg ihr Haupt in den Polstern des Sessels, sie klagte sich an als leichtfertige Person, als unwürdige Gattin, als Mörderin und Verbrecherin. Sie flehte zu Gott, sie vor dem Schrecklichsten zu bewahren, sie nicht unglücklich zu machen für ihr ganzes Leben. Sie dachte nicht daran, ihre Ballkleider abzulegen, sie fühlte nicht die Kälte der Nacht.

Endlich dämmerte der Morgen.

Atemlos lauschte sie auf jedes Geräusch. Jetzt konnte er zurückkommen — jeden Augenblick. Sie öffnete ein Fenster und spähte mit den geröteten, geschwollenen Augen die Straße hinab. Aus der Ferne ertönte das Rollen eines Wagens, mit fiebernder Spannung suchte sie die Dämmerung zu durchdringen. Das Geräusch verhallte wieder, und wieder kauerte sie sich in ihrem Stuhl zusammen. Der Frost begann doch allmählich ihres Körpers sich zu bemächtigen, Schauer schüttelten ihre schlanke Gestalt.

Wieder ein Rollen — wieder eilte sie zum Fenster — wieder eine Enttäuschung!

Einmal warf sie im Vorübergehen einen Blick in den Wandspiegel und schrak zurück vor sich selbst, so elend, so bleich, verfallen sah sie aus.

Else bebte zurück; ihren eigenen Anblick fürchtend, warf sie sich auf das Sofa, verbarg ihr Gesicht und stöhnte. Plötzlich hörte sie die Thür des Vorsaals gehen, hastige Schritte näherten sich.

Sie wagte nicht aufzublicken, als er, dessen Kommen sie nun doch überraschte, hereintrat, aus Furcht vor den Nachrichten, welche er brachte.

Doktor Brünner setzte sich todmüde auf einen Stuhl. Kein Wort kam von seinen Lippen.

Da hielt sie es nicht länger aus. „Theo, lebt es?" „Nein."

Else stieß einen herzzerreißenden Schrei aus. Langsam richtete sie sich empor und wandte ihm ihr geisterbleiches Antlitz zu. „Es ist tot?"

„Es ist tot, und meine ärztliche Ehre ist mit ihm gestorben," fuhr er in düsterem Tone fort. „Nun wird es heißen, Doktor Brünner amüsierte sich auf einem Balle, indes eine verzweifelte Mutter am Sterbebett ihres Kindes jede Sekunde bis zu seiner Ankunft zählte."

„Und hätte es gerettet werden können, wenn du — wenn du gestern abend gekommen wärst?" stammelte sie. „Vielleicht."

„Vielleicht? Nein, gewiß, nicht wahr, Theo, gewiß?" In seinem Schweigen las sie die Bejahung ihrer Frage; sie sprang jäh auf und wollte hinausstürzen.

Der Arzt packte sie mit starker Hand und zog sie sanft, aber unwiderstehlich auf das Sofa zurück. Er setzte sich neben sie, sie fest an der Hand haltend, und fragte leise und scharf: „Wo willst du hin, Else?"

„Wohin? Zu ihr, zu ihr, zu der unglücklichen, bejammernswürdigen Mutter. Auf den Knieen will ich ihre Verzeihung erflehen. Ich will es ihr und aller Welt offenbaren, daß du unschuldig bist, daß ich pflichtvergessenes, leichtfertiges Geschöpf allein die Schuld trage. O laß mich, laß mich!"

Sie suchte sich ihm zu entziehen, doch er ließ sie nicht los, sondern drückte sie nur fester an sich, preßte ihr Köpfchen an seine Brust und sagte mit plötzlich veränderter, weicher Stimme: „Else, ich will dich nicht länger quälen. Das Kind lebt oder lebte doch noch, als ich es verließ."

„Es lebt?" schrie sie auf. „Es lebt! Und wird es am Leben bleiben?"

„Ich hoffe es. Aber das schwache Flämmchen seines Lebens war so weit herabgebrannt, um dem leisesten Windhauch zum Opfer zu fallen. Nur eine halbe Stunde, so war es zu spät, falls es nicht überhaupt jetzt schon zu spät gewesen ist. Die nächsten Stunden müssen es entscheiden. Bis Mittag werde ich Bescheid erhalten und dann vielleicht nachmittags nochmals hinausfahren."

„O Theo, ich werde nicht eher wieder ruhig werden, bis ich das arme kleine Wesen außer Gefahr weiß. O rette es — lieber, teurer Mann, rette es um meinet-

willen! Und, und" — wieder erstickte Schluchzen ihre
Stimme, während sie seinen Hals mit beiden Händen
umschlang und ihre Thränen seine Wangen netzten —
„vergieb mir, Theo. O, kannst du mir verzeihen, ge-
liebter Mann, oder wirst du mich von nun an verachten
und hassen?"

Der Doktor antwortete mit gütigem Ernst: „Fern sei
es von mir, Else, eine Schwäche, die Uebereilung eines
sonst edlen Herzens zum Verbrechen zu stempeln. Möge
nur das Schicksal nicht unbarmherziger sein als ich."

„O Theo, lieber, einziger Mann, ich danke dir! Ich
will nie, nie wieder so etwas thun, gewiß nicht!"

„Ich weiß es, Else, sonst würde ich nicht so zu dir
sprechen. Deine Reue ist mir Bürge dafür. Ich weiß
wohl, daß du dir der Folgen deines Schrittes nicht bewußt warst. Uns Menschen umlauern die Dämonen des
Unheils, Kind, und nützen grausam jede Blöße aus, die
wir ihnen darbieten. Deshalb müssen wir wachsam sein.
Dein Fehltritt hätte mir verhängnisvoller werden können
als dir — oder kann es noch werden. Du spieltest
frevelnd mit meiner Ehre. Wenn das Kind stirbt, habe
gewissermaßen ich es getötet. Und dann — o Else, es
ist bitter zu hören, wenn man seine Pflicht so gewissenhaft zu erfüllen bestrebt ist als ich, daß man die Armut
im Stiche lasse, weil sie nichts zu bieten habe."

Else weinte kummervoll an seiner Brust, sie klagte
sich an, sie verachtete sich, die Angst schnürte ihr Inneres
zusammen, und doch fühlte sie sich auch wieder eines Teils
ihrer Qual entlastet, da das Kind noch lebte, und ihres
Gatten Verzeihung ihr geworden war. Der Schlaf, dem sich
der Arzt, um sich zu seinem anstrengenden Tagewerk zu
stärken, für einige Stunden überließ, mied freilich noch ihr
schwer belastetes Herz, ihre Phantasie malte ihr alle möglichen Folgen ihres Verhaltens aus — o, wie schwer mußte

erst die Bürde eines Verbrechens zu tragen sein, wenn schon eine unbedachte Handlung jugendlichen Leichtsinns ihre Seele zu solchen Folterschmerzen verurteilte!

Sie wagte sich kaum aus dem Zimmer, weil sie die neugierigen Blicke ihres Mädchens scheute. Nur wenn die Klingel an der Vorsaalthür erschallte, stürzte sie hinaus, in Furcht und Hoffnung zugleich, Gewißheit über das Schicksal des kranken Kindes zu erlangen.

Die Botschaft kam, eine Bauernfrau brachte sie, und mit einem Jubelruf wiederholte sie Else im Sprechzimmer ihres Gatten, der soeben seinen letzten Patienten verabschiedet hatte und sich zum Ausgehen fertig machte.

„Gerettet, Theo, gerettet — das Kind und ich!"

Der Doktor atmete auf. „Gott sei Dank!" sagte er mit innigem Ausdruck.

Else dagegen vergoß wiederum Thränen, aber diesmal Freudenthränen, sie schmiegte sich zärtlich an den Gatten und ließ ihre Freude und Dankbarkeit in Worte ausströmen, die als heißere, aufrichtigere Gebete gelten konnten als manche phrasenhafte und salbungsvolle Beschwörungen.

„Denke nur," berichtete sie dann nochmals, als sie sich einigermaßen gefaßt hatte, „das Kind hat nach deiner Arznei still und sanft geschlafen — alles Fieber ist geschwunden — der Atem geht ruhig und regelmäßig — die arme Mutter ist überglücklich. Theo, das Verhängnis ist von uns genommen, der Himmel hat mein Vergehen nicht so grausam strafen wollen!"

Theodor antwortete mit einer Umarmung und einem Kusse.

„Wann fährst du hinaus, lieber Mann?" fragte Else nach einer Weile.

„Um vier Uhr."

„Du nimmst mich doch mit, nicht wahr?"

„Zu welchem Zwecke?"

„Ich will die Mutter um Verzeihung bitten, dich rechtfertigen —"

„Nein, nein," er schüttelte energisch den Kopf. „Mach nicht wieder übel, Kind, was das Schicksal gut gemacht hat. Die Frau würde dich wahrscheinlich mißverstehen und uns trotz alledem ins Gerede bringen. Ich habe die Verspätung als einen Irrtum bereits hinreichend entschuldigt."

„So darf ich dich wenigstens begleiten und der Frau einige Geschenke bringen? Du sagtest, sie sei arm — nicht wahr, das gestattest du mir?"

Der Arzt nickte lächelnd. „Wenn dich das beruhigt."

Und Else begleitete ihren Gatten nach Großwelsen. Nicht allein, sondern in Gesellschaft eines großen Pakets mit Kleidungsstücken, Lebensmitteln und Erfrischungen. Unterwegs befiel sie noch einmal die Angst, das Kind könnte wieder kränker geworden oder doch noch gestorben sein; als sie aber mit klopfendem Herzen die ärmliche Wohnung der Tagelöhnersfrau betrat und das Kind ruhig und sanft in seiner Wiege liegen sah, da jauchzte ihre Seele in Entzücken auf. Kaum vermochte sie den Sturm ihrer Empfindungen zu bewältigen; mit feuchten Augen stand sie an dem dürftigen Lager, die kleine magere Hand in der ihrigen, das bleiche Gesichtchen mit einem unbeschreiblichen Ausdruck von Rührung und Wonne betrachtend.

„Die Madam' möcht' gewiß auch gern so ein kleines liebes Dingel im Körbchen liegen haben," plauderte die Tagelöhnersfrau, die sich keinen anderen Grund der Ergriffenheit der jungen Frau zu denken vermochte. „'s giebt ja auch nichts Herzigeres auf der weiten Welt, und wenn man auch noch so arm ist, die Kinder sind einem trotzdem ans Herz gewachsen. O wenn Sie wüßten, wie mir gestern zu Mute war, und wie mir's jetzt ist!"

„Ich kann es mir denken," erwiderte Else leise, indem sie einen liebevollen Kuß auf des Kindes bleiche Stirn drückte.

Dann packte sie ihre Geschenke aus, Herrlichkeiten, wie solche in der kleinen Wohnung noch nicht gesehen worden waren. „Viel zu schön und viel zu kostbar für uns," wie die Fliednern immer wieder versicherte. Sie wollte in ihrer Bescheidenheit die prächtigen Sachen gar nicht annehmen, auch ihr Mann weigerte sich lange, schließlich aber ließen sich beide bewegen, und man sah ihnen an, welche Freude ihnen die Gaben bereiteten, denn sie waren recht arme Leute.

„Gottes Lohn Ihnen, liebe Dame," rief die Fliednern, die, beredter als ihr Mann, in allen derartigen Angelegenheiten die Vertretung des Hauses führte, der Frau des Arztes tiefbewegt die Hand drückend. „Sie sind ein Engel, liebe junge Frau, möchte der Himmel Sie bereinst dafür segnen in Ihren eigenen Kindern!"

Elses Wangen bedeckten sich mit dunklem Rot, schüchtern streifte ihr Blick den ihres Mannes, der, mit dem Kinde beschäftigt, über das Bett gebeugt stand. Die junge Frau hätte keine Verwünschung der schlichten Dörflerin so schwer treffen können als diese unverdiente Anerkennung. Härte fordert den Trotz heraus, Beschämung hinterläßt eine weit tiefere, nachhaltigere Wirkung.

In keinem ärztlichen Haushalte wird die Bestelltafel peinlicher und gewissenhafter geführt als bei Doktor Brünner, und niemand sonst begegnet selbst den ärmsten Kranken so liebenswürdig und gütig wie des beliebten Arztes schöne junge Frau.

Der „Meistertrunk" in Rothenburg.

Ein Pfingstausflug von Rudolf Felger.

Mit 17 Illustrationen. (Nachdruck verboten.)

In dem bayerischen Kreise Mittelfranken, nicht weit von der württembergischen Grenze, liegt auf einer Anhöhe, mit Türmen und Zinnen geschmückt und von festen Mauern umgeben, die ehemalige freie Reichsstadt Rothenburg ob der Tauber. Man hat ihre Lage, weil sie auf drei Vorsprüngen der Hochebene in das Taubertal hineinragt, wohl mit der von Jerusalem verglichen.

Zu den gewölbten Thoren, wie Mauerthor, Klingenthor und Kobolzellerthor, führen Brücken über den tiefen Wallgraben. Ein Gang um die Stadt längs der doppelten Ringmauer vom Spitalthor bis zur Alten Burg ist ungemein genußreich und bietet überraschend schöne landschaftliche Bilder. Auch im Innern ist Rothenburg durchaus altertümlich geblieben, und es giebt in Deutschland kaum eine andere Stadt, selbst Nürnberg nicht ausgenommen, wo so wie hier auf Plätzen und in Straßen und Gassen, vor den Kirchen und Häusern die entschwundenen Jahrhunderte gleich lebendig an uns herantreten. Das war den Malern und Geschichtskundigen schon lange bekannt, die oft wochenlang dort weilten, um ihre Studien zu machen. In weiteren

Kreisen ist Rothenburg erst bekannt geworden, seitdem alljährlich zur Pfingstzeit dort das volkstümliche Festspiel „Der Meistertrunk" aus den Kreisen der Einwohnerschaft zur Aufführung gelangt, das jedesmal ganze Scharen von schaulustigen Fremden herbeilockt.

Rothenburg ist einer der ältesten Orte in Franken, und seine Geschichte reicht in das früheste Mittelalter

Das Mauertor.

zurück. In den Zeiten der Völkerwanderung gegen die Schwaben zu Hilfe gerufen, ließen sich die ersten Franken in der Gegend nieder. Ihr Herzog Pharamund errichtete auf einem in das Flußthal weit vorspringenden Punkte, der jetzt mit hübschen Anlagen geschmückt ist, als Grenzwarte einen dicken Turm. Auf demselben Platze wurde später die Alte Burg aufgeführt, unter deren Schutze sich allmählich die Stadt erhob.

Sie erscheint bereits 942 als solche und früher noch

als Sitz der Grafen von Rothenburg, nach deren Aussterben sie an die Hohenstaufen kam, in deren Besitz die Stadt dann bis zum Jahre 1251 verblieb. Von der Alten Burg in Rothenburg aus verwalteten während dieser Zeit kaiserliche Schirmvögte die fränkischen Besitzungen für jenes berühmte Kaiserhaus. Friedrich Barbarossa verlieh dem Orte bei der Burg im Jahre 1172 das sogenannte Weichbildrecht. Thatsächlich reichsfrei war Rothenburg seit dem Untergange der Hohenstaufen; die urkundliche kaiserliche Bestätigung erfolgte jedoch erst unter Rudolf von Habsburg am 15. Mai 1274.

Fortan entwickelte sich die Stadt rasch und bekam auch Mauern, wenn es auch noch Jahrhunderte währte, bis der schützende Gürtel, wie er sich heute noch unseren Blicken darstellt, vollendet war. Seine höchste Blüte erreichte Rothenburg unter dem berühmten Bürgermeister Heinrich Toppler, dem jedoch mit schändlichem Undank gelohnt wurde. Seine zahlreichen

Das Klingenthor.

Feinde streuten schmähliche Verleumbungen wider ihn
aus. Wegen angeblichen Verrates der Stadt an den
Kaiser wurde er verhaftet, und sein bedeutendes Vermögen
eingezogen. Er starb am 19. Juni 1408 in einem geheimen unterirdischen Gefängnis, wo ihm weder Speise

Das Kobolzellertor.

noch Trank gereicht wurde, und liegt in der gotischen
St. Jakobskirche (1373 –1456 erbaut) an dem von ihm
gestifteten Altar begraben.

1377 fand in Rothenburg ein Reichstag statt, und
am 24. Februar 1474 spielte sich auf dem Marktplatze vor
dem Rathause ein Akt von weltgeschichtlicher Bedeutung
ab. Kaiser Friedrich III. belehnte nämlich den Dänen-

From Harper's Magazine.

Aus dem Festspiel:

Der Meisterttrunk.

Der „Meistertrunk" in Rothenburg.

An der Stadtmauer.

König Christian I. unter großem Pompe mit den Herzogtümern Schleswig-Holstein, wobei ausdrücklich festgesetzt ward, daß die beiden Lande „auf ewig ungeteilt" bleiben sollten. Jenes Ereignis berührte unmittelbar zwar nur den deutschen Norden, in seinen Folgen aber bekanntlich ganz Deutschland.

Das erwähnte Rathaus ist ein imposanter, im deutschen Renaissancestil um 1572 ausgeführter Bau. Eine

In der Klingengasse.

Zierde des Platzes davor ist der schöne Hertrichsbrunnen, dessen Säule das Reiterbild des drachentötenden St. Georg trägt. Unweit des Rathauses erhebt sich die bereits genannte St. Jakobskirche mit der angrenzenden Klingengasse, die mit ihren erkergeschmückten Häusern ein altertümliches Straßenbild von hohem Reize gewährt. Das gilt auch von der Schmiedgasse am Sieberturm.

Von den Kirchen sei noch die Franziskanerkirche mit

zahlreichen Grabdenkmälern alter Ritter- und Patriziergeschlechter (so zum Beispiel das des Ritters Hans v. Beulndorf und seiner Gemahlin) hervorgehoben; von den Profanbauten das ehemalige Gymnasium mit seinem prächtigen Hauptportal.

Während die Stadt Rothenburg die Vorkämpferin in den Städtebündnissen des 14. und 15. Jahrhunderts war, sammelte sie erhebliche Reichtümer an Gütern, Dörfern und Wald ringsum, wie auch an wohlthätigen Stiftungen. 1525 stand sie an der Spitze des großen Bauernaufruhrs, 1543 wurde die Reformation eingeführt. Schweres Ungemach hatten Stadt und Gebiet während des Dreißigjährigen und des Siebenjährigen Krieges zu erdulden. Im Jahre 1803 wurde die alte Reichsstadt durch den Reichsdeputationshauptschluß an Bayern übergeben; 1810 erfolgte die Abtretung eines Teils des ehemaligen Gebiets an Württemberg.

Eine der denkwürdigsten Episoden aus der ereignisreichen Geschichte Rothenburgs bezieht sich auf ihre Uebergabe an Tilly im Dreißigjährigen Kriege, deren Einzelheiten die städtische Chronik getreulich verzeichnet.

Am 29. September 1631 zogen kaiserliche Heerscharen gegen die Stadt heran, die sich unter schwedischen Schutz begeben hatte. Eine Batterie von sechs Geschützen legte Bresche in die Stadtmauer zwischen dem Henkers- und dem Kummereckturm. Den hierauf eingeleiteten Sturm schlugen die Bürger im Verein mit der kleinen schwedischen Besatzung, einem Fähnlein von 60 Reitern unter Rittmeister Rinkenberg, tapfer zurück, wobei gegen 600 Kaiserliche, darunter Oberst Schrend, fielen. Da kam aber Tilly selbst mit seinem ganzen Heer auf dem Rückzuge von der Breitenfelder Schlacht vor die Stadt. Neun seiner Regimenter wurden zum Sturmangriff befohlen, der die ganze Front vom Klingen- bis zum Röderthor umfassen

Am Burgthor.

sollte. Schon hatten die Bürger dreißig Stunden hindurch auf den Wällen gestanden, als sich unglücklicherweise der Pulvervorrat in der Klingenbastei entzündete. Es verbreitete sich das Gerücht, die Stadt sei bereits genommen; den Verteidigern entsank der Mut, und man hing die weiße Fahne zum Galgenthor hinaus.

Rothenburg mußte sich dem gefürchteten Grafen Tilly auf Gnade und Ungnade ergeben; die Schweden bekamen freien Abzug zugestanden. Der Generalissimus zog — es war am 31. September — mit den Altringerschen Scharen in die Stadt. Ihre Bewohner flüchteten in die Kirchen und sandten angstvolle Gebete gen Himmel, denn ein fürchterliches Geschick drohte der schutzlosen Stadt.

Schonungslos kündete Tilly den im Rathaussaale versammelten Mitgliedern des Rates den Tod ob ihres geleisteten Widerstandes an; der Bürgermeister Bezold selbst sollte, von Soldaten begleitet, den Scharfrichter herbeiholen, damit er das Bluturteil vollstrecke. Inzwischen kredenzte man dem Oberfeldherrn und seinen Generalen den mächtigen Kaiserpokal, der zwölf alte bayerische Schoppen, über drei Liter, faßte. Das stimmte die Gemüter etwas milder, und Tilly fragte, wie im Scherz, ob einer der zitternden Ratsherren gegen Verheißung der Begnadigung ihn zu leeren vermöge. „Dessen vermaß sich," wie die Chronik meldet, „der Altbürgermeister Nusch, der wohl schon manchen guten Trunk gethan." Er setzte den riesigen Becher an den Mund und leerte ihn bis auf die Nagelprobe. „Es schadete ihm aber nicht," fügt der Chronist hinzu.

Nach diesem Berichte verfaßte nun der Magistratsrat und Glasermeister A. Hörber in Rothenburg ein Festspiel, „Der Meistertrunk", dessen Rollen Männer und Frauen der Stadt mit ihren Söhnen und Töchtern durchzuführen unternahmen. Die Bühneneinrichtung ist ebenso echt wie

Rathaus mit Henrichsbrunnen.

96 Der „Meistertrunk" in Rothenburg.

einfach, da das ganze Stück sich an den „historischen" Oertlichkeiten selbst abspielt. Die Mauern und Straßen

Aus der Franziskanerkirche: Ritter Hans v. Bemdorf und Gemahlin.

sind unverändert so geblieben, wie sie einst Tilly als Sieger durchzog. Unverfehrt steht noch das Rathaus mit seinem Saale und den Giebelhäusern am Markt. Im Turm der Jakobskirche hängen noch dieselben Glocken, die in den Schreckensstunden der Belagerung geläutet. Es

Hauptportal des ehemaligen Gymnasiums.

waren noch verschiedene Feldschlangen vorhanden, die damals so übel unter den Kaiserlichen gehaust, und der Riesenpokal war gleichfalls noch da, aus dem der „Meister-

Aus dem Festspiel: Die Ratsherren.

trunk" getan wurde, welcher Rothenburg vor dem Schicksale Magdeburgs bewahrte. Endlich beschaffte man noch die erforderlichen Kostüme für alle Teilnehmer in möglichst echter Ausstattung, und dann ging zu Pfingsten 1881 die erste Aufführung des Spiels als eines 250jährigen Jubiläumsfestes der ihm zu Grunde liegenden geschichtlichen Begebenheit von statten. Es hatte einen ganz ungeahnten Erfolg, und seitdem ist das Festspiel in jedem Sommer am Pfingstmontag und

From Harpers Magazine. Der historische Festzug. Copyright, 1896, by Harper & Brothers.

dann noch mehrmals wiederholt worden. Die Eröffnungsscene führt die Beratung der städtischen Obrigkeit im Rathaussaale vor. Man beschließt die Verteidigung der Stadt, deren aufgebotene streitbare Bürgerschaft mit ihren Waffen im Saale erscheint. Es wird ihr befohlen, sich auf die Wälle zu verfügen, und die

Aus dem Festzuge: Tilly.

Alten segnen und ermutigen sie für ihren Dienst, während der Kriegsgesang des Volkes ihnen das Geleite giebt. Vor der Stadt donnern die Kanonen der Kaiserlichen heftiger, und von den Wällen antworten die Geschütze. Den Bürgermeister holt der Prediger Georg Zierlein zum Gottesdienst in die Jakobskirche, deren große Glocke geläutet wird. Die Ratsherren bleiben im Saal und beten zu dem aus der nahen Kirche herüberschallenden Orgelspiel,

From Harper's Magazine. Copyright, 1890, by Harper & Brothers.

Aus dem Kreuzzug: Marodeure und Verwundete

daß den Gesang der Gemeinde: „O bleib mit deiner Gnade" begleitet.

Es kommen Boten von den Wällen in den Saal gestürzt. Zuerst glaubt man, die Schweden kämen von Würzburg her zum Entsatze angerückt, dann aber vernimmt man die Unglücksbotschaft, daß es vielmehr Tilly mit

Aus dem Festzuge: Gefangener Spion.

seiner ganzen Macht sei, der bedingungslose Uebergabe der Stadt verlange. Nun folgt eine Hiobspost der anderen, bis endlich der Bürgermeister bleich aus der Kirche zu den zagenden Ratsherren zurückkehrt und ihnen die Uebergabe der Stadt verkündigt.

Die Geschütze schweigen, Fanfaren und Trommeln ertönen, und Tilly tritt mit seinem glänzenden Gefolge in den Saal. Die Schlüssel der Stadt, es sind die gleichen

wie 1631, werden bem Sieger überreicht, ber ein furcht=
bares Gericht halten will über bies Bürgervolk „im offenen
Aufruhr wider Reich und Kaiser". Die Stadt soll vier

Aus dem Festzuge: Marketenderwagen.

Stunden lang seinen Kriegern zur Ausplünderung über=
geben werden; vom Rate sollen vier durch Wahl oder
durch das Los zu Bestimmende enthauptet werben, und
als die Mitglieder ihm entgegenrufen:

> „Wir losen nicht! Wie einer stand für alle,
> So gehn auch all' für einen in den Tod!
> Für alle Gnade — oder Tod für alle!"

da lautet sein schrecklicher Spruch: „Dann sollt ihr all'
für euren Hochmut sterben!" Während er den städtischen
Henker herbeizuholen befiehlt, stürzt des Altbürgermeisters
Nichte mit ihren Kindern herein, um des Feldherrn Gnade
zu erflehen, allein ungerührt wendet sich Tilly ab. Da
erscheint der Kellermeister Balthasar Reimer mit seinem
holden Töchterlein, das den Willkommentrunk den fremden Herren reichen soll. Der Generalissimus, der sonst
bekanntlich den Wein verschmähte, läßt sich veranlassen, aus
dem Kaiserpokal seinen Untergeneralen Bescheid zu thun.
Er kostet und läßt den Pokal dann unter den Herren
seines Gefolges weiterkreisen, denen der edle Tauberwein
bestens mundet. Der Senator, welcher das kunstvolle
Gefäß gebracht hat, erzählt dessen Geschichte:

> „Kaiser Matthias war's, für den gemacht
> Zum Willkomm wurde der Pokal. Er kam nicht.
> Darum seid Ihr es, der die erste Weihe
> Ihm gebt durch Euer karges Nippen."

Dadurch geschmeichelt, trinkt der gestrenge Feldherr
nun einen vollen Zug auf des Kaisers Majestät. Der
ungewohnte Trank geht ihm schnell ins Blut und versetzt
ihn in eine übermütige Stimmung, halb grausamer, halb
gemütlicher Natur. Er befiehlt, den Pokal aufs neue bis
zum Rande zu füllen, und spricht zum Rat:

> „Schlecht euer Rat! Schlecht euer Waffenglück!
> Vielleicht, daß ihr mit euern weiten Kehlen
> Beweisen könnt ein besseres Geschick.
> Der Humpen hier ist voll zum Rand gefüllt,
> Ist wer von euch im stande, ihn zu leeren
> Mit einem Zug — dann soll euch Gnade sein."

Obwohl das Wagnis dem Betreffenden leicht das Leben kosten kann, erklärt sich der greise Altbürgermeister Nusch doch bereit, sich für alle, wenn es sein muß, zu opfern. Unter atemloser Spannung der Anwesenden setzt er den riesigen Pokal an die Lippen und leert ihn bis zum letzten Tropfen. Nach kurzer Erschöpfung erholt er sich wieder,

Aus dem Festzuge: Kroaten.

während die Räte ihn preisen und beglückwünschen. Tilly erklärt, daß er einen Meistertrunk gethan, eine Heldenthat vollführt habe, und sichert dem Rat und der Stadt Gnade zu, wie er versprochen. Unter Orgelspiel und Glockengeläut von der Jakobskirche her ertönt das Danklied der Rothenburger.

Alsdann beginnt zum Abschluß der historische Festzug durch die Straßen der Stadt. Voran Herolde und Banner,

Trommler und Pfeifer mit der Gruppe und dem prächtigen Festwagen der Rothenburger. Hierauf folgen die Kaiserlichen mit Tilly und seinen Eisengepanzerten, und zuletzt der Troß mit dem lustigen Marketenderwagen, mit Marodeuren und Verwundeten auf Kanonenlafetten. Als fröhliches Nachspiel entfaltet sich auf dem Stadtwall, bei dem 1631 gesprengten „Ganser", ein buntes Lagerleben.

Dort sind für die feindlichen Feldherren Zelte aufgeschlagen, wie für die Ratsherren und ihre Angehörigen, die in ihren Prunkkleidern gleichfalls am Zuge teilgenommen haben und nun ein frohes Mahl halten. Die Kriegsknechte lassen die Würfel auf der Trommel rollen, die Pfeifer und Stadtzinkenisten spielen zum lustigen Reigen auf, in dem das junge Volk sich unermüdlich dreht. Dazu wird nach vollbrachtem Werke dem Tauberwein gar weidlich zugesprochen, und mancher ist bemüht, sich nach dem Vorbilde des wackeren Altbürgermeisters als Meister im Trunk zu bewähren.

Der Schimmel des Sultans.

Militärhumoreske von U. v. Lychdorff.

(Nachdruck verboten.)

1.

Im Café Fischer am Donauufer, dem Zusammenkunftsort fast sämtlicher Offiziere der großen Garnison, saß Major Kerner hinter den hohen Spiegelscheiben und schaute mißmutig hinaus in den Vorgarten. Dieser bestand aus einer Anzahl verstaubter Oleanderstöcke und einigen graugrünen Epheuwänden, dazwischen stand eine größere Anzahl von weißen Marmortischen, die zum Teil von Offizieren der verschiedensten Waffengattungen besetzt waren.

Major Kerner war nicht heiter, ihn quälte eine Sorge, die er nicht zu verscheuchen vermochte. Vor gar nicht langer Zeit hatte er nämlich durch Zufall Gelegenheit gefunden, dem durchreisenden Schwager des türkischen Sultans einen Dienst zu erweisen. Er hatte die Sache beinahe vergessen, als er in sehr angenehmer Weise daran erinnert wurde. Der Großherr sandte dem Major Julius Kerner als Zeichen seines Dankes einen Orden von der Größe eine mäßigen Suppentellers und einen prachtvollen arabischen Schimmel.

Beide Geschenke machten dem Major außerordentliche

Freude. Bisher schmückte seine Heldenbrust nur das Offiziersdienstzeichen und eine Erinnerungsmedaille, jetzt kam der große Stern dazu, welcher dem bescheidenen Waffenrock des Majors ein überaus günstiges Relief gab. Was den Schimmel anbelangte, so entsprach er allen Anforderungen, die ein Pferdeliebhaber und -kenner an ein solches Tier zu stellen berechtigt ist. Achmed, so hieß der Wundergaul, schimmerte wie flüssig gewordenes Silber, das große Auge zeigte eine leichte rötliche Färbung, die Hufe waren weiß, die Fesseln zierlich und fein, Mähne und Schweif reichten bis auf die Erde herab. Geritten war das Pferd vortrefflich, es fügte sich jedem Schenkeldruck und war sehr empfindlich im Maul, mit einer scharfen Stange durfte man da nicht kommen.

Der Major war etwas eitel und daher nicht wenig stolz darauf, daß alle Leute, besonders die Damen, auf der Straße stehen blieben und ihm bewundernd nachschauten, wenn er auf Achmed vorüberritt.

Leider hatte der milchweiße Schimmel aber auch seine schwarzen Seiten. Wie alle arabischen Pferde war er nervös, in der Reitersprache nennt man das bodenscheu. Aus dieser Ursache war der Major gezwungen, die Hauptverkehrsadern, wo die Trambahn klingelte, die Stellwagen rasselten, und die Fiaker so unverschämt rasch fuhren, nach Möglichkeit zu vermeiden. Er mußte zu seinen Spazierritten kleine, vom Verkehr abseits liegende Seitengassen wählen, mußte, wie er sich selbst zu seiner Entschuldigung sagte, den Orientalen erst an europäische Verhältnisse gewöhnen.

Der Weg nach dem Infantrieexerzierplatz führte zum Glück durch lauter verschwiegene Gassen, welche der Major auf seinem Schimmel anstandslos passierte. Unmittelbar vor dem friedlichen Manöverfelde gab's jedoch stets eine kleine Schwierigkeit, die der Major durch Güte zu überwinden mußte. Es stand nämlich dort ein kleines hölzernes Häuschen, genau so groß, daß ein Mann darin Platz fand. Darin führte ein Verzehrungssteuerbeamter ein beschauliches Leben.

An diesem Bretterhaus nun wollte der Schimmel nie vorübergehen, denn im ganzen Orient giebt es keine Verzehrsteuer, das Ding war ihm also gänzlich neu. Die Anwendung von Sporen und Peitsche vermied der Major aus gewissen Gründen; sobald er zu Pferde saß, war er außerordentlich tierfreundlich und verabscheute jede sogenannte Roheit. Das hing natürlich nicht etwa mit dem Reiten zusammen, wie boshafte Leute argwöhnten; nein, der Herr Major saß fest im Sattel und ließ im Gespräch gerne durchblicken, daß an ihm eigentlich ein Kavallerist verloren gegangen sei.

Um den störrigen Achmed gefügig zu machen, trug Major Kerner in der Rocktasche stets einige Stücke Zucker bei sich. Blieb Achmed mit gespreizten Beinen vor dem Steuerhäuschen stehen, so langte der Major in die rückwärtige Rocktasche und schob dem Pferd ein Stück Zucker ins Maul, worauf der Schimmel ruhig seinen Weg fortsetzte.

Daran hatten sich Roß und Reiter bald gewöhnt. Der Major dachte gar nicht mehr an diese Untugend seines Gaules; erschien das Zollhäuschen, so bekam Achmed seinen Zucker. An diesem stillschweigenden Uebereinkommen hielten Herr und Pferd unverbrüchlich fest.

An seinen Schimmel nun dachte eben jetzt der Major; das Pferd war die Ursache, warum er so mißmutig zum Fenster hinaussah. Kerner hatte um einen vierwöchentlichen Urlaub nachgesucht und ihn ganz gegen seine Erwartung unverkürzt erhalten. Nun sollte es in irgend einen beliebten Kurort oder in eine vornehme Sommerfrische gehen, das war ein lange gehegter Plan. Als junger Offizier hatte Kerner es verabsäumt, sich um eine passende Lebensgefährtin umzuschauen, daran waren zum Teil auch die elenden Garnisonen schuld, in welchen er herumgestoßen wurde. Vielleicht war es gut so gewesen, denn in der Jugend wählt man zu sehr mit dem Herzen, in reiferen Jahren mehr mit dem Verstande, und das ist entschieden das bessere. Für die Verstandeswahl aber eignen sich teure Kurorte und kostspielige Sommerfrischen am besten, und zu einer solchen wollte er jetzt ausziehen. Major Kerner sah sich bereits mit einem schönen, jungen, reichen und vornehmen Mädchen verlobt und aller kleinlichen Sorgen, die ihn jetzt quälten, ein für allemal überhoben.

So weit wären ja die Gedanken des Herrn Majors alle sehr freundlich und angenehm gewesen, seinen schönen Plänen stand jedoch der arabische Schimmel störend im Wege. Was wird aus dem kostbaren Pferd werden, wer wird es reiten, wenn der Major in der Sommerfrische weilt? Dem nächsten besten Offizier konnte und wollte er seinen Schatz nicht anvertrauen, die älteren Infanterieoffiziere, auf die man sich hätte verlassen können, wollten kaum von ihren eigenen Pferden etwas wissen, alle zogen den bequemen Diwan dem unbequemen Sattel vor, und an die jungen Herren war leider nicht zu denken, die hätten mit dem edlen Achmed nur Fensterparaden geritten und ihn ohne Zweifel zu allerlei nichtsnutzigen Künsten gemißbraucht. Nein, das ging nicht!

Major Kerner verzweifelte fast, diese schwere Angelegenheit einer gedeihlichen Lösung entgegenführen zu können.

Plötzlich erhellten sich seine Züge, seine Augen leuchteten auf.

Im Vorgarten des Kaffeehauses tauchte ein junger Husarenleutnant auf, grüßte freundlich nach rechts und

links und setzte sich zu einem Hauptmann vom General=
stab, der ihn offenbar hier erwartete.

„Daß ich an Schüttgenau nicht gleich gedacht habe,"
sagte der Major zu sich selbst. „Das ist mein Mann.
Schüttgenau gilt als der beste Reiter seines Regiments,
dazu schwärmt er die einzige Tochter unseres Corpskom=
mandanten an, vor Fensterparaden bin ich also sicher;
denn beim Corpskommandanten reitet nur vorüber, wer
dienstlich unbedingt dazu gezwungen ist. Den Schüttgenau
hat mir unser lieber Herrgott in meiner Verzweiflung ge=
schickt!"

Der Major stand auf und begab sich in den Vor=
garten zu den beiden Offizieren, die respektvoll grüßten.

„Ihr erlaubt, daß ich auf einen kurzen Augenblick
Platz nehme?" fragte der Major. „Ich habe mit
Schüttgenau ein paar Worte zu sprechen."

Die beiden jungen Leute machten Platz, der Major
setzte sich.

„Du weißt," fuhr er, zu Schüttgenau gewendet, fort,
„daß ich dieser Tage einen vierwöchentlichen Urlaub an=
trete. Ich habe heute das Kommando bereits übergeben,
bin also sozusagen schon ein ganz freier Mann, es
hält mich nur noch eine unbedeutende Angelegenheit zurück,
um derentwillen ich deine Gefälligkeit in Anspruch nehmen
möchte."

„Wenn ich dir mit etwas dienen kann," versetzte
Schüttgenau, „so weißt du, daß du nur zu befehlen
brauchst."

„Es ist eine Bitte, die ich dir gegenüber ausspreche,
an deren kameradschaftlicher Erfüllung mir allerdings sehr
gelegen wäre. Du kennst meinen Achmed, das prächtige
Pferd, welches der Großherr mir zum Geschenk gemacht
hat. Ich möchte den Gaul während meiner Abwesenheit
gerne in sicheren Händen wissen. Es wäre ein Freund=

schaftsdienst, wenn du mir versprechen würdest, auf Ach=
med zu sehen und ihn selber persönlich zu reiten, solange
ich fort bin."

„Gerne, Herr Major," entgegnete Schültgenau, „gerne
will ich deinen Wunsch erfüllen. Das fällt mir freilich
im Augenblick nicht so leicht, als du glaubst. Ich muß
morgen meinen bisherigen Burschen abgeben. Dessen Vater
ist gestorben, er übernimmt die elterliche Wirtschaft und
wird aus diesem Grunde vorzeitig beurlaubt. Was ich
für ein Möbel bekomme, weiß ich noch nicht, unsere
Mannschaft steht am Schlusse ihrer Dienstzeit; für alle
Fälle giebt es nur ein Provisorium. Reiten werde ich
das Pferd natürlich selbst; ich werde übrigens auch den
Wachtmeister beauftragen, auf den Schimmel ganz be=
sonders zu sehen. Hast du sonst noch irgend welche
Wünsche?"

Diese Frage kam dem Major sehr gelegen; er hatte
diesbezüglich wirklich noch einige, und zwar sehr weit=
gehende Wünsche, nur wollte er sie aus persönlicher Eitel=
keit nicht direkt heraussagen. Er blies langsam den
Rauch seiner Zigarette vor sich hin und that, als denke er.

„Besondere Wünsche?" begann er dann. „Nein! Das
Pferd ist vorzüglich geritten, sehr gelehrig, empfindlich,
leicht im Maul, nur leider wie alle Araber etwas ner=
vös. Ich habe es nicht ohne Mühe an die elektrische
Trambahn und an die verschiedenen Stellwagen und
Hundekarren gewöhnt. Automobilen bin ich noch nicht
begegnet, beim Anblick eines solchen surrenden und pu=
stenden Kastens würde Achmed wohl etwas unruhig wer=
den. Ich möchte dich also bitten, keinem dieser Hinder=
nisse aus dem Wege zu gehen, ich vermied solche Sachen
grundsätzlich nicht."

Ueber die Gesichter der beiden jungen Offiziere huschte
ein kaum merkliches Lächeln, wußten sie doch nur zu gut,

was für ein unsicherer Reiter der Major war und wie er jedes Hindernis zu umgehen trachtete.

„Ich werde den Gaul täglich reiten," antwortete Schüttgenau, „auch beständig andere Wege nehmen. Ich gestehe dir offen, Herr Major,*) daß ich das Pferd gerne besitzen möchte, es ist ein außerordentlich figurantes Tier. Wie es mit der physischen Leistungsfähigkeit beschaffen ist, vermag ich noch nicht zu beurteilen, als Paradeschimmel aber wäre der Achmed vorzüglich."

„Ist nicht zu haben," lächelte der Major geschmeichelt. „Warum soll nicht der Abwechslung halber einmal ein Infanterist ein Rassepferd reiten? Vielleicht schenkt mir der Großherr noch einmal einen solchen Burschen; in diesem Falle verspreche ich dir den Achmed um den halben Preis."

Der Major erhob sich und reichte beiden Herren die Hand zum Abschied.

„Es bleibt also bei unserer Verabredung. Wann kann ich dir den Schimmel schicken?",

„Wann es dir beliebt. Im Stall ist von der Mannschaft immer jemand zu treffen; neben meinen Pferden ist ein Stand frei, und dieser steht ganz zu deiner Verfügung."

„Dann schicke ich den Achmed noch heute. Sei also herzlich bedankt, mein lieber Schüttgenau. Und schaue mir auf den Gaul, ich halte außerordentlich viel auf meinen Achmed."

---

*) In der österreichischen Armee ist es Sitte, daß die im Range gleichstehenden Offiziere einander mit „du" ansprechen. In den meisten Fällen sagt auch der Stabsoffizier zum Subalternen du; die Erwiderung darauf lautet dann: „Du, Herr Major; Du, Herr Oberst" u. s. w., was für den Fremden oft etwas sonderbar klingt.

„Sei ganz außer Sorge, Herr Major, der Schimmel ist in den besten Händen."

Dem Major war ein schwerer Stein vom Herzen gefallen. „Gott sei Dank," sagte er im Fortgehen zu sich selbst, „diese Geschichte wäre erledigt. Hätte nicht geglaubt, daß es so glatt gehen würde. Ist doch ein etwas beschränkter Kopf, dieser Schüttgenau, ist mir sofort auf den Leim gegangen. Nun, mag er sich plagen mit dem Pferd, die Früchte seiner Arbeit werde ich genießen, wenn ich heimkomme. Ja, schlau muß man sein, nur immer schlau!" —

Der Husar und der Generalstäbler sahen dem sich entfernenden Major lange nach.

„So," sagte Schüttgenau gedehnt, „der Herr Major erwartet also, daß ich sein Pferd an allen unseren modernen Spektakel gewöhne. Wäre der Schimmel nicht ein so schönes Pferd, ich hätte sicherlich nicht zugesagt. Das prächtige Tier verdiente einen besseren Herrn."

„Gräme dich nicht darüber," entgegnete lächelnd der Generalstabshauptmann. „Mit einem Fuß steht der Herr Major ohnedem schon im Cylinderhut, laß ihn doch die letzten militärischen Freuden genießen."

Die Herren zündeten sich frische Zigarren an und durchflogen die eben anlangenden Abendblätter.

„Gehst du heute ins Theater?" frug der Hauptmann über die Zeitung weg.

„Nein," antwortete Schüttgenau; „ich will abends noch arbeiten. Es ist dir ja bekannt, daß ich die Aufnahmeprüfung für die Kriegsschule machen möchte; der Stoff ist riesengroß, ein normaler Mensch, der außer Dienst nicht Uebermensch ist, kann ihn fast unmöglich bewältigen."

„Du übertreibst. Ich habe vor vier Jahren auch dieses Examen gemacht und mich gewundert, wie wenig eigentlich verlangt wird. In erster Linie muß man Mut und Selbstvertrauen haben, leck hineingehen ins Feuer, dann geht es ganz leicht. Aber in dieser Beziehung fehlt es etwas bei dir. — Wie steht es denn mit der Tochter unseres Corpskommandanten?"

„Ich bitte dich," antwortete Schüttgenau kleinlaut, „frage mich lieber nicht. Meine Aussichten sind sehr trübe."

„Das bildest du dir offenbar nur ein. Bei der letzten Reunion hat dich die schöne Hertha vor allen anderen Offizieren ausgezeichnet."

„Sie hat mich ausgezeichnet! Mein Gott, was heißt denn das? Ich habe ein paarmal mit Hertha getanzt und das Glück gehabt, sie zur Tafel führen zu dürfen — das ist alles."

„Lieber Max," lachte der Generalstäbler, „du hast dir offenbar unseren guten Major Kerner zum Muster genommen, du willst auch mit der Sprache nicht heraus."

„Weil ich nichts zu erzählen habe. Ich will zugeben, daß es mir vielleicht gelingen würde, das Herz der Tochter zu erobern, aber der Alte — nein, das ist ausgeschlossen."

„Das vermag ich nicht einzusehen. Du bist aus gutem Hause, hast verwandtschaftliche Verbindungen, die bis in die allerhöchsten Kreise hinaufreichen, und befindest dich finanziell in einer geradezu beneidenswerten Lage."

Schüttgenau lächelte trübe. „Mein Einkommen dürfte wohl hinreichen, eine Frau zu erhalten — das Geld spielt hier überhaupt keine Rolle. Die Schwierigkeiten liegen aber ganz wo anders. Dir, als meinem besten Freunde, kann ich es gestehen, daß ich der Liebe meiner angebeteten Hertha sicher bin, aber — aber vorläufig kann ich nur auf irgend einen günstigen Zufall warten; vielleicht gelingt mir die Aufnahme in die Kriegsschule."

„Freund Maxerl, du befindest dich entschieden auf dem Holzweg. Sei ein Mann, tritt frisch und fröhlich vor den Alten hin und halte um Hertha an. Meiner Ansicht nach könnte er sich nur gratulieren, daß er einen solchen Schwiegersohn bekommt."

„Das sagst du so, aber du magst mich auslachen, meinethalben auch verspotten — ich gestehe es dir ganz offen, mir fehlt es wirklich an Mut, direkt zu unserem Corpskommandanten zu gehen. Lieber würde ich gegen die Mündungen von ein paar Dutzend feindlicher Geschütze anreiten, als Seiner Exzellenz den Wunsch vortragen, sein Schwiegersohn werden zu wollen. Nein, nein, lieber Freund, das geht nicht; wenn sich nicht irgend eine passende Gelegenheit —"

„Die du natürlich versäumen wirst," warf der Hauptmann trocken ein. „Ich an deiner Stelle würde das fruchtlose Studium für die Kriegsschule aufgeben. Eine militärische Laufbahn zu machen, hast du nicht notwendig, überlasse das jenen Kameraden, die auf Gage dienen. Bleibe bei deiner Waffe und heirate deine bezaubernde Hertha. Bist du der Schwiegersohn des Alten, so wirst du in kurzer Zeit ohnehin sein Adjutant werden, er braucht sich dann von seinem einzigen Kinde nicht zu trennen, und du hast wunderbare Garnisonen. Die Verhältnisse liegen so günstig als nur möglich."

Schültgenau wurde nachdenklich. Die Generalstabsoffiziere rekrutieren sich bekanntlich aus den besten Leuten der Armee; Hauptmann v. Miller besaß dadurch gegenüber dem Husarenleutnant keinen geringen Nimbus. Millers Worte waren für ihn ein Evangelium, an welchem man nicht zweifeln durfte.

„Komm jetzt mit ins Theater," fuhr der Hauptmann fort, „und laß deine Grillenfängerei. Ich wette darauf, daß der Corpskommandant samt Frau und Tochter in der Loge sitzt. Du mußt mitkommen!"

Schültgenau ließ sich leicht überreden. Die beiden Offiziere zahlten und schritten Arm in Arm davon.

2.

In einer Loge des Opernhauses saß General v. Röber mit Frau und Tochter. Hertha, ein auffallend schönes Mädchen, mochte das achtzehnte Jahr kaum überschritten haben. Das feine Oval des pikanten Gesichtchens umgab eine Fülle schwarzen Haares, der Blick der großen Augen war weich und seelenvoll, über die ganze anmutige Gestalt war ein poetischer Zauber ausgegossen.

Schüllgenau und der Hauptmann hatten Sperrsitze in der ersten Reihe, sie grüßten respektvoll zur Loge hinauf. Hertha dankte freundlich, und das wetterharte Gesicht Seiner Excellenz legte sich in Falten, welche ebensogut Sturm wie Sonnenschein bedeuten konnten.

„Hast du gesehen," sagte der Husar leicht zu seinem Freunde, „hast du gesehen, wie mich der Alte mit seinen funkelnden Augen angeblitzt hat? Und da verlangst du, daß ich zu ihm hingehe?"

„Lieber Max, ich habe aber auch gesehen, daß dich Hertha länger und herzlicher gegrüßt hat, als es gerade notwendig ist. Wenn man eine solche Reserve im Hintergrunde hat, da kann man schon eine Schlacht wagen. Du verstehst eben von der Strategie noch nichts."

„Ich bitte dich, lasse mich mit der Strategie in Ruhe, ich mache mir ohnedem Vorwürfe, daß ich heute hier im Theater sitze, anstatt zu Hause zu arbeiten. Immer klarer wird es mir, daß ich nur als Generalstabsoffizier das holde Kind zu erreichen vermag. Aber als bloßer Leutnant —"

Der Beginn der Ouverture schnitt das Gespräch ab.

Als die beiden Offiziere ins Theater getreten waren, hatte oben in der Loge Frau v. Röber leise den Arm ihres Mannes berührt.

„Siehst du, Franz," sagte sie gedämpft, „siehst du,

daß ich recht gehabt habe. Ich wußte, daß Schüttgenau ins Theater kommen werde, sobald er nur davon unterrichtet ist, daß wir, oder besser, daß unsere Hertha da ist. Beobachte nur den jungen Mann ein wenig, es wird dir auffallen, wie unruhig er ist, alle Augenblicke schielt er nach unserer Loge herüber. Das gilt natürlich nicht deinem Goldkragen und auch nicht meiner Wenigkeit. Etwas könntest du doch auch dazu beitragen, daß es endlich zu einer Erklärung kommt."

„Ich thue ohnedies, was ich vermag," erwiderte der General leise. „Lade ich ihn nicht beständig zum Thee ein, eine Auszeichnung, die ich sonst nur Stabsoffizieren zu teil werden lasse? Kürzlich habe ich sogar eine Partie Whist mit ihm gespielt; mehr kann ich nicht thun, mehr kann man von mir auch billigerweise nicht verlangen."

„Eben euer Kartenspiel hat mir einen Strich durch die ganze Rechnung gemacht. Volle zwei Stunden hast du mir den jungen Mann an den Spieltisch gefesselt, und er durfte gegen diese Ehre nicht einmal protestieren, er mußte sich noch geschmeichelt fühlen. Die Abwesenheit Schüttgenaus benutzte der total verschuldete Baron Königsberg, um unserer Hertha auf Tod und Leben die Cour zu machen. Für einen solchen Schwiegersohn danke ich! Du solltest mir doch ein bißchen in die Hände arbeiten, du weißt, wie sehr mir an dem Zustandekommen dieser Partie gelegen ist. Unsere Hertha ist streng genommen ein mittelloses Mädchen, und Schüttgenau ist reich, sehr reich. Seine Familie zählt zu den besten des Landes, seine Mutter ist eine geborene Gräfin Münch-Herisch, diese ist mit den höchsten Kreisen verwandt und verschwägert, Schüttgenau selbst ist ein lieber und guter Mensch, und unsere Hertha hat eine innige Zuneigung zu ihm gefaßt. Daß es bisher zu keiner Erklärung gekommen ist, daran

trägſt nur bu bie Schulb. Sobalb ſich ber Leutnant bir
nähert, machſt bu ſofort ein bienſtliches Geſicht, unb bieſes
ſchreckt ſelbſt bie älteſten Krieger ab. Sei freunblicher!
Für das Glück beines Kindes kannſt bu boch auch etwas
thun!"

Der General hatte bieſe Strafprebigt ruhig über ſich
ergehen laſſen. Da ihn bie Oper wenig intereſſierte —
Seine Excellenz waren nicht muſikaliſch unb zogen ben
Rabetzkymarſch jeber klaſſiſchen Muſik vor — ſo entgegnete
er auf bieſe Auseinanberſetzungen ſeiner Gattin, ohne
viel auf bie Oper hinzuhören: „Du ſollſt ſehen, liebe
Leontine, baß ich nicht engherzig bin. Ich werbe bir ſofort ben Beweis bafür erbringen, wie ſehr ich mich be-
mühe, auf alle beine berechtigten Wünſche einzugehen."

Als ber Vorhang ſich nach bem erſten Alte ſenkte, unb
bie Herren im Parterre ſich erhoben, um mit ben Opern-
gläſern ben Zuſchauerraum zu muſtern, blickte Schüttgenau
natürlich wieber zur Loge bes Corpskommanbanten empor.
Dieſer winkte ihm, heraufzukommen.

„Der Alte ruft bich," raunte ihm ber Generalſtabs-
hauptmann ins Ohr. „Packe bie Gelegenheit beim Schopf,
ber große Moment naht!"

Max brängte ſich burch bas Publikum, einige Augenblicke ſpäter ſtanb er vor ſeinem hohen Vorgeſetzten.

„Excellenz haben befohlen?"

„Ich wollte Sie fragen, lieber Schüttgenau, wie es
mit Ihrer taktiſchen Ausarbeitung ſteht? Mich intereſſiert
es ſehr, wie Sie bie Aufgabe behanbelt unb gelöſt haben.
Ich gebenke mir bie Arbeiten vielleicht ſchon morgen vorlegen zu laſſen."

Schüttgenau war über bieſe Anrebe wie aus ben
Wolken gefallen. Er hatte bie „taktiſche Ausarbeitung",
bie man ihm in herkömmlicher Weiſe aufgetragen hatte,
vollſtänbig vergeſſen. Wie alle anberen Offiziere ver-

schob er diese unangenehme Arbeit von einem Tag auf
den anderen, jetzt sollte er sie plötzlich fertig vorlegen —
das war ganz unmöglich!

Excellenz wartete auf Antwort. Dem armen Leutnant
fiel absolut keine Ausrede ein, er stand wie auf Kohlen.
Er hatte nur den einen Wunsch, daß sich die Erde öffnen
möge, um ihn zu verschlingen. Die Versenkung, in
welcher man so bequem verschwinden konnte, war leider
nur auf der Bühne angebracht und nicht auch in den
Logen, er mußte also aushalten.

„Ich habe," stotterte er endlich, „ich habe sehr reich-
haltiges Material zusammengetragen, insbesondere die
fremdländischen Reglements gründlich durchgegangen —"

„Das freut mich," sagte Seine Excellenz, „das freut
mich sehr. Ich bin auf Ihre Arbeit gespannt. Dann
noch eines, lieber Freund, knöpfen Sie sich den Attila
gefälligst zu und stecken Sie den rotseidenen Lappen, den
Sie da vorne an der Brust haben, dorthin, wohin er gehört — in die Tasche. Man könnte sonst glauben, Sie
seien ein Erzherzog und trügen das goldene Vließ um
den Hals."

Schüttgenau war wie mit kaltem Wasser übergossen.
Offenbar war der Corpskommandant heute bei ganz besonders schlechter Laune, er brauchte ein Opfer, und dieses
Opfer war der arme Max. Wäre er doch lieber zu Hause
geblieben und nicht in das unglückliche Theater gegangen!
Er verwünschte den Hauptmann, der ihn verleitet hatte,
und den Herrn Corpskommandanten ebenfalls.

Zum Glück dauerte die Pause nicht lange. Der Kapell-
meister klopfte mit dem Stab auf den Souffleurkasten,
die Musik setzte ein. Max benützte diesen günstigen Augenblick, sich zu empfehlen. Mit den Damen hatte er auch
nicht ein Wort gesprochen.

Als die Logenthür hinter dem jungen Offizier zufiel,

sagte die Generalin zu ihrem Mann: „Franz, ich kann
dir nur versichern, daß ich deine Hilfe sicherlich nie mehr
in Anspruch nehmen werde. Mit dir ist es einfach zum
Verzweifeln. Daß du von nichts anderem zu sprechen
vermagst, als vom Dienst! Der arme Schütlgenau ist
jetzt vollkommen kopfscheu. Wenn Hertha sitzen bleibt,
so kann sie sich bei dir bedanken. Du hast eben kein
Herz für deine Familie, du bist ein Rabenvater, du —"

Ihre Stimme brach. Der Corpskommandant schwieg.
Im Innern mochte er sich sagen, daß die Art und Weise,
wie er den jungen Offizier an sein Haus zu fesseln suchte,
vielleicht doch nicht ganz die richtige sei. Er beschloß,
sich in diese heikle Sache gar nicht mehr zu mischen und
seiner Frau vollkommen freie Hand zu lassen. —

Schütlgenau war wirklich in heller Verzweiflung; ganz
gebrochen ließ er sich auf seinen Sitz nieder.

„Hast du gesiegt?" frug der Hauptmann.

„Freund," antwortete Schütlgenau trostlos, „Freund,
ich mache der Sache ein Ende. Nach Schluß des Theaters
gehe ich nach Hause und erschieße mich."

„Thu das," versetzte Hauptmann v. Müller kalt, „thu,
was du nicht lassen kannst, meinen Segen zu deiner
Himmelfahrt hast du. Wenn man zu ungewandt oder
unentschlossen ist, um sich auf dieser Welt durchzuschlagen,
muß man es mit der anderen versuchen. — Was hat
denn der Alte von dir gewollt?"

„Seine Excellenz verlangt für morgen früh die taktische
Ausarbeitung."

„So, und was weiter?"

„Ich habe aber noch keinen Federstrich daran ge=
schrieben."

„Nun und —?"

„Um Gottes willen, du fragst noch?"

„Natürlich frage ich. Mir liegt es ob, die taktischen

Ausarbeitungen einzusammeln und zur Vorlage zu bringen. Vor drei Wochen denk' ich gar nicht daran. Bis dahin hast du Zeit, eine ganze Bibliothek abzuschreiben."

„Aber der General?"

„Der hat dich offenbar aus einer ganz anderen Ursache rufen lassen und denkt morgen nicht mehr an die famose taktische Ausarbeitung. Ich habe dir schon gesagt, lieber Max, gieb das Studium für die Kriegsschule auf, zum Generalstab passest du nicht, dir fehlt jedes diplomatische Talent."

Schüttgenau ließ sich beruhigen. Nach dem Theater gingen die Herren in ein Restaurant. Mitternacht war vorüber, als sie sich endlich trennten.

9.

Im Regimente diente seit nahezu drei Jahren Jan Pakkewsky als gemeiner Husar. Dieser Jan war ein ganz merkwürdiger Mensch. Soviel sich aus den spärlichen Akten, die über ihn vorhanden waren, entnehmen ließ, war er der Sohn eines armen Hausierers und mit seinem Vater frühzeitig in die Welt gegangen. Mit dem zehnten Lebensjahre war Jan der väterlichen Aufsicht entwichen und trieb sich bis zu seiner Assentierung in der Welt herum. Schulbildung besaß er so gut wie gar keine, er war weder des Lesens noch des Schreibens kundig. Mußte er irgend ein Schriftstück unterfertigen, so malte er ein ganz sonderbares Zeichen darunter, vorgebend, sein Vater habe auch so geschrieben und ihn diese Art der Namensunterschrift gelehrt.

Dabei war Jan Pakkewsky in anderer Beziehung ein seltenes Stück von einem Husaren. Er hatte einen völlig harmonisch entwickelten Körper, Muskeln und Sehnen waren wie aus Stahl, die Figur voll Ebenmaß. Leider saß auf diesem prächtigen Körper, der jedem Bild-

hauer zum Modell hätte bienen können, ein völlig nichts-
sagender Kopf. Beständig spielte ein blödes Lächeln um
die halb offenen Lippen Pallewskys, der ungepflegte
Schnurrbart war kurz und borstig, die blonden Haare
trug Jan in einem wirren Durcheinander, was jedoch nicht
hinderte, daß die mächtigen Formen des Schädels scharf
hervortraten.

Pallewsky war gutmütig und ließ sich gerne und
willig zu jeder Arbeit verwenden; er griff jedoch alles so
ungeschickt an, daß man ihm sofort die Arbeit wieder
aus den Händen nahm. Der Regimentskommandant hatte
mit diesem Mann eine fürchterliche Plage. Im allgemeinen
pflegte sich der Herr Oberst um die Mannschaft sehr wenig
zu bekümmern, das ist auch nicht seine Sache, sondern
Sache der Rittmeister, Oberleutnants und Leutnants, mit
Pallewsky aber machte er eine Ausnahme. Dem war es
gelungen, nicht nur die Aufmerksamkeit des Regiments-
kommandanten, sondern auch die des Generals auf sich
zu lenken.

Der Himmel mochte wissen, wie viel Schweiß es dem
Wachtmeister Horvat gekostet hatte, den Pallewsky so weit
zu bringen, daß er aufs Pferd auch nur aufsitzen lernte.
Der Unglücksvogel vermochte rechts von links nicht zu
unterscheiden, natürlich trat er stets verkehrt an den Bügel
an, kaum war er auf der einen Seite des Pferdes oben,
so lag er auch auf der anderen schon unten.

Nach mehrwöchentlicher Rekrutenabrichtung erschien
eines Tages der Oberst auf der Reitschule. Tags vorher
hatte es etwas geregnet, dann hatte die Kälte eingesetzt
und die offene Reitschule mit einer Decke von Glatteis
überzogen. Um Unglücksfälle zu vermeiden, ließ der Rittmeister daher die Mannschaft in der gedeckten Reitschule,
die sonst nur bei der strengen Kälte benutzt wurde, aufsitzen. Der Oberst musterte mit dem allen Vorgesetzten

eigenen untrüglichen Kennerblick Pferde und Mannschaft. In unmittelbarer Nähe Pallewskys hielt Wachtmeister Horvat, aus dieser Ursache nahm sich Jan sehr zusammen; als das Kommando: „Aufsitzen" erscholl, war er verhältnismäßig flink in den Sattel gekommen. Als der Oberst dann das Zeichen zum Anreiten gab, verwandte der Wachtmeister kein Auge von Pallewsky, welcher vorschriftsmäßig steif im Sattel saß. Horvat ließ sich aber dadurch nicht täuschen, ihm ahnte ein Unglück, und diese Ahnung sollte den alten Husaren auch nicht betrügen. Die Abteilung fiel auf Kommando vom Schritt in den Trab, alles ging tadellos, die Husaren saßen prächtig zu Pferde, der Oberst nickte befriedigt, die ernsten Züge des Rittmeisters heiterten sich zusehends auf.

„An der Ecke — Galopp!" tönte das Kommando. Richtig sprengten die Reiter an der vorgeschriebenen Ecke links ein. Pallewsky ritt als der letzte Mann in der Abteilung. Der Wachtmeister hoffte, das Pferd Jans werde selbst so vernünftig sein und mit der linken Schulter einsetzen, aber diese Hoffnung war trügerisch. Ungefähr zehn Schritte vor der Ecke machte Pallewsky ganz unglaubliche Manöver, das Pferd scheute und schleuderte den unglücklichen Reiter weit über den Hals an die mit Holz verkleidete Wand der Reitschule. Dröhnend schlug Jan an die Holzwand an. Der Oberst, der Rittmeister und die Unteroffiziere stürzten herbei, alle glaubten, Pallewsky habe sich alle Knochen gebrochen. Wunderbarerweise war dem Mann so gut wie gar nichts geschehen. Jan saß auf dem weichen Boden der Reitschule mit dem Rücken gegen die Bretterwand gelehnt und grinste blöd lächelnd vor sich hin.

Der Oberst sandte einen Unteroffizier nach dem Regimentsarzt, der wenige Augenblicke später mit Verbandzeug und allen sonstigen chirurgischen Behelfen erschien.

Der Arzt untersuchte den Gestürzten auf das gewissenhafteste, er vermochte aber weder eine innerliche noch eine äußerliche Verletzung zu finden. Die Sache war also noch über Erwarten glücklich abgelaufen.

Einige Zeit später turnte die Mannschaft im Freien am großen Gerüst. Der Oberst und die höheren Offiziere waren zugegen. Pallewsky stand wie gewöhnlich als der letzte in der Abteilung, von welcher eben ein Mann nach dem anderen die hohe Leiter emporkletterte. Endlich mußte auch Pallewsky an die Leiter.

„Ist das nicht jener Mann, der kürzlich so glücklich gestürzt ist?" frug der Oberst.

„Zu Befehl," antwortete der Wachtmeister.

„Und wie benimmt er sich jetzt zu Pferde?"

Der Wachtmeister zuckte anstatt der Antwort mit den Schultern. Der Regimentskommandant warf dem Rittmeister einen fragenden Blick zu.

„Ich habe alle Hoffnung aufgegeben," sagte dieser. „Der Mann ist nicht abrichtbar; er ist außerordentlich willig, geht mit der größten Entschlossenheit ins Zeug, an Körperkraft fehlt es ihm nicht, aber er leidet offenbar an hochgradiger geistiger Schwäche. Ich möchte mir gestatten, die gehorsamste Bitte vorzutragen zu dürfen, daß der Regimentsarzt den Jan Pallewsky auf seinen Geisteszustand untersuchen möge."

„Sie halten also den Mann für anormal? Hat er in der letzten Zeit wieder etwas Besonderes angestellt?"

„Er macht allerlei, was sich mit dem gesunden Menschenverstand nicht in Einklang bringen läßt."

Während die Herren miteinander sprachen, war Jan die hohe Leiter schwerfällig emporgeklettert. Vorsichtig faßte er Sprosse auf Sprosse an, als wolle er sie auf ihre Haltbarkeit prüfen. Schon war er über die halbe Höhe hinaus, als der Wachtmeister ihm zurief, einzuhalten und umzukehren. Jan hörte aber offenbar nicht, er stieg auf der schwankenden Leiter immer höher und höher, schon faßte er mit den Händen die letzte Sprosse an. Aber auch jetzt hielt er noch nicht, noch klomm er empor — die Hände verloren den Halt, der Mann stieß einen markerschütternden Schrei aus, überschlug sich und stürzte sausend in die Tiefe!

Das Unmögliche, das Unerhörte geschah! Neben der Leiter hing ein starkes Tau herab, an diesem fing sich Pallewsky im letzten Augenblick auf, er hätte sonst zerschmettert werden müssen. Das Tau schwankte wie ein Riesenpendel mit dem Mann auf und nieder. Eine Zeitlang hielt Pallewsky fest, dann kollerte er unbeholfen zur Erde und blieb regungslos liegen.

Eine Sanitätsabteilung wurde herbeigeholt, diese erschien in Begleitung des Regimentsarztes. Pallewsky war mittlerweile wieder zu sich gekommen und grinste blöd lächelnd. Die Handflächen hatte er sich durch das scharfe Tau etwas aufgerieben, sonst fehlte ihm nichts; die Sanitätssoldaten konnten mit ihrer Tragbahre wieder nach Hause gehen.

„Wenn die Sache nur keine unangenehmen Folgen hat," sagte der Oberst im Fortgehen zum Rittmeister, „ich will wünschen, daß alles gut ausgehen möge."

Die Sache aber hatte unangenehme Folgen. Ein Blatt brachte am anderen Tage einen fulminanten Artikel über den Pallewsky. Es hieß dort, der Regimentskommandant habe unter Androhung der schwersten Strafen dem an hochgradigem Schwindel leidenden Mann befohlen, die mächtige, nur ganz oberflächlich in den Boden eingerammte Leiter zu erklettern. Der Mann sei gestürzt, und die zerschellte Leiche des unglücklichen Opfers in aller Stille auf dem Militärfriedhof beerdigt worden.

Das ganze Offiziercorps war über diesen Zeitungs-

artifel außer sich. Der Auditor setzte eine geharnischte
Berichtigung auf, welche Pallewsky unterschreiben sollte.
Damit hatte es nun seine Schwierigkeiten. Pallewsky
malte wohl sein Zeichen unter das Schriftstück, für diesen
schwierigen Fall war es aber leider ganz unbrauchbar.
Es mußte ein anderer Weg gefunden werden. Der
Auditor las dem Jan die Berichtigung langsam Zeile für
Zeile vor — vergebliches Bemühen! Er hätte ebensogut ein Kapitel aus Kants „Kritik der reinen Vernunft"
vorlesen können. Schließlich kam dem Wachtmeister Horvat
ein glücklicher Gedanke. In Begleitung einer Ordonnanz
wurde Jan Pallewsky auf das Redaktionsbureau geschickt,
dort mußte er die von dem Auditor stilisierte Berichtigung
abgeben. Das half. Das Blatt erklärte, getäuscht worden zu sein, und damit war diese höchst unangenehme
Geschichte aus der Welt geschafft.

„Der Sache werden wir ein Ende machen," sagte der
Oberst zum Rittmeister, „ich habe keine Lust, mich mit
den Zeitungsschreibern herumzuschlagen und Berichtigungen
zu schreiben. Entlassen können wir den Pallewsky nicht,
der Mann ist kräftig und kerngesund, vom äußeren Dienst
aber muß er entfernt werden. Lassen Sie ihn in die
Küche abkommandieren, dort kann er kein Unheil anrichten."

Diese Hoffnung erwies sich leider als trügerisch. Der
biedere Jan machte sich in der Küche so unnütz, daß ein
förmlicher Aufruhr in der Kaserne ausbrach. Man sah
keinen anderen Ausweg, als ihn wegen unheilbarer Dumm-
heit von jeder Art von Dienst zu befreien.

Fortan wurde Pallewsky überhaupt zu keiner Arbeit
mehr verwendet. Er lungerte in der Küche oder im Ka-
sernenhof herum, aß, trank und schlief, sonst that er gar
nichts. Die Mannschaft behauptete, er führe ein Leben
wie ein Graf.

Zur allgemeinen Ueberraschung meldete sich Pallewsky

für die letzten acht Wochen seiner Dienstzeit als Bursche zum Leutnant v. Schüttgenau. Alles war gespannt, wie diese Sache ausgehen werde, am meisten der junge Offizier selbst.

Noch am Abend seines Eintritts führte er Jan in den Stall, um ihm die notwendigen Anweisungen zu geben.

„Du hast dich freiwillig zu mir gemeldet," sagte er zu Pallewsky. „Aus welcher Ursache?"

Jan grinste freundlich, gab aber keine Antwort.

„Du mußt doch irgend einen Grund gehabt haben, daß du gerade zu mir kommen wolltest. Wie lange hast du denn noch zu dienen?"

„Acht Wochen," antwortete Jan.

„Diese Zeit über hättest du immerhin bei deiner jetzigen Beschäftigung bleiben können."

„Herr Leutnant werden mit mir zufrieden sein."

„Ich will es wünschen," versetzte Schüttgenau seufzend. „Aber meine Hoffnung ist schwach. Du hast nur zwei Pferde zu besorgen, mein Chargenpferd und den Schimmel des Herrn Major Kerner; die Fuchsstute im Nebenstand gehört nicht mehr mir, ich habe sie heute früh verkauft."

Während Schüttgenau sprach, machte sich Pallewsky hinter den Pferden zu schaffen.

„Jan," sagte der Leutnant, „geh von den Hinterfüßen weg. Mein Japhet schlägt nicht, aber den Schimmel kenne ich zu wenig."

Schüttgenau hatte noch nicht ausgesprochen, da legte auch schon Achmed beide Ohren zurück, senkte den Kopf und schlug mit den Hinterfüßen aus, so daß die Streu bis an die Decke des Stalles flog. Jan stand unmittelbar hinter dem Schimmel, mit einer blitzschnellen Wendung war er dem Schlag ausgewichen.

„Bestie!" murmelte Schüttgenau. „Das Schlagen

würde ich dir bald abgewöhnen, wenn du mir gehörtest." Zu Jan gewendet sagte er dann: „Pallewsky, ich will mich mit dir nicht ärgern, es wäre ja doch alles umsonst. Eine Messe werde ich lesen lassen, wenn diese acht Wochen ohne Unfall vorübergehen. Für die beiden Pferde bestelle ich einen eigenen Putzmeister, der auch die Wartung und Fütterung besorgen wird. Deine Aufgabe besteht lediglich darin, den Schimmel täglich an der Hand — ohne Sattel und ohne Decken — eine Stunde spazieren zu führen, das wirst du hoffentlich können."

Jan nickte und grinste wie gewöhnlich. —

Die Befürchtungen des Offiziers hinsichtlich Pallewskys trafen merkwürdigerweise nicht zu. Zwischen Jan und dem arabischen Schimmel bildete sich ein äußerst freundschaftliches Verhältnis heraus. Die Wartung des Pferdes besorgte Jan persönlich, eifersüchtig wachte er darüber, daß der Schimmel von niemand anderem Futter und Wasser bekam. Der angestellte Putzmeister war damit sehr einverstanden, um so mehr, als Jan das Pferd wirklich tadellos hielt. Täglich führte er Achmed zwei Stunden lang an der Hand spazieren, immer denselben Weg nach der alten Infanteriekaserne, in deren Hof um diese Stunde die Musikkapelle übte.

Vormittags ritt Schüttgenau selbst das Pferd, das hatte er Kerner versprochen, und dieses Versprechen hielt der junge Offizier gewissenhaft. Es war ihm gelungen, das Pferd an alle neuen Erscheinungen zu gewöhnen, welche nun einmal zum modernen Städteleben gehören. Er selbst hatte sich in den prächtigen Schimmel förmlich verliebt. Nur noch kurze Zeit, und das Pferd war dann so fein zugeritten, daß es als Damenzelter gehen konnte. Wie herrlich würde sich die reizende Hertha auf dem Araber ausnehmen!

Eines Tages ritt Schüttgenau nach dem Infanterieexerzierplatz. Vor dem Steuerhäuschen machte der Schimmel aller Gewohnheit entsprechend plötzlich Halt, stemmte die Vorderfüße in die Erde und war nicht vom Fleck zu bringen. Schüttgenau nahm die Zügel hoch, mit voller Gewalt fiel die Reitpeitsche auf die Kruppe des Pferdes nieder. Dieses stieg kerzengerade empor und war mit einem gewaltigen Sprunge im nächsten Augenblick auch schon am Steuerhäuschen vorüber. Schüttgenau führte das Pferd wieder zurück, um nochmals vorbeizureiten, was auch mit Hilfe von Sporen und Peitsche gelang.

Von nun an ritt der Leutnant jeden Tag nach dem Exerzierplatz; immer spielte sich dieselbe Scene ab. Die Zeit war aber leider jetzt zu kurz, um das Pferd an das Steuerhäuschen zu gewöhnen. Hätte Schüttgenau diese ganz sonderbare Untugend des Schimmels früher gekannt, er hätte sie ihm sicherlich abgewöhnt; jetzt ließ sich wenig mehr dagegen thun.

Major Kerner kam von seinem Urlaub heiter und wohlerhalten zurück. Was er während seines Urlaubs suchte, die junge, schöne, reiche und elternlose Braut, hatte er leider nicht gefunden; das that jedoch seiner guten Laune keinen Abbruch. Nachdem er sich zum Dienst gemeldet hatte, suchte er sofort Schüttgenau auf, er konnte das Wiedersehen mit seinem Schimmel kaum erwarten. Die beiden Herren begaben sich sofort nach den Stallungen; ein Blick genügte dem Major, um sich zu überzeugen, daß Achmed tadellos gehalten war. Pallewsky war selbstverständlich anwesend, er saß beim Eintritt der beiden Offiziere auf der Futterbarre und sprach eifrig mit dem Schimmel, welcher ihm mit sichtlicher Spannung zuhorchte.

„Bitte, Herr Major," sagte der Leutnant, „sieh dir das Pferd gründlich an, bevor du es übernimmst. Ich übergebe dir den Schimmel in tadelloser Verfassung."

„Beſten Dank, lieber Schüttgenau," verſetzte der Major, „dem Achmed ſieht man es auf eine Meile Entfernung an, daß es ihm gut ergangen iſt. Ich möchte jetzt gleich einmal nach dem Exerzierplatz reiten."

Zu Jan gewendet befahl der Leutnant, daß Achmed geſattelt werde.

Pallewsky bewegte ſich ſchwerfällig nach der Sattelkammer und brachte die gewünſchten Gegenſtände. Mit ſichtlicher Unbeholfenheit begann er mit dem Auflegen des Kopfgeſtelles; man ſah es dem Manne an, daß er ſich ſehr ſchwer von dem ihm ſo lieb gewordenen Schimmel trenne.

Endlich war alles fertig, und Pallewsky führte das geſattelte Pferd vor. Der Major kletterte in den Sattel — elegant hinaufſchwingen können ſich bekanntlich nur Romanhelden —, Pallewsky ſchob ihm den Bügel unter den linken Fuß, noch eine kurze Bewegung, und Major Kerner ritt zum Stall hinaus. Nachdem er um die Ecke verſchwunden war, gingen Herr und Diener ſchweigſam in den Stall zurück, beide betrachteten wehmütig den leeren Stand, wohin Achmed nicht wieder zurückkehren ſollte.

Major Kerner ritt kühn mitten durch die Stadt, es ging über alle Erwartung gut. Am Hauptplatze begegnete er einer Anzahl junger Damen; da wagte er es, dem Schimmel eine leichte Hilfe zu geben, welche dieſer ſofort annahm, er tänzelte nur ſo über das Pflaſter, was die Damenwelt zu lauter Bewunderung hinriß. Jetzt wollte Kerner nach dem Exerzierplatz, aber nicht mehr durch die kleinen, ſtillen Gaſſen, nein, ſo weit es nur möglich war durch belebte Straßen, wo die vornehmen Leute wohnten und wo hübſche junge Damen zu den Fenſtern herausſahen. Alles ging vortrefflich, bis der Major auf jenen ſchmalen Weg kam, der an dem bereits mehrfach erwähnten Steuerhäuschen vorüberführte. Seiner alten Gewohnheit entsprechend blieb der Schimmel mit gespreizten Beinen stehen. Das focht den Major nicht weiter an, hatte er doch von seinem Frühstückskaffee den Zucker in die Rocktasche gesteckt; er langte danach. Als der Schimmel die Bewegung der Hand nach rückwärts sah, glaubte er jedenfalls, daß jetzt der Peitschenhieb fallen werde, den er in den letzten Tagen mit Schrecken kennen gelernt hatte. Er zuckte zusammen und machte einen furchtbaren Satz. Darauf war Kerner nicht gefaßt. Im Augenblick verlor er Sitz und Bügel und schoß wie eine Rakete über den Hals des Pferdes auf das Steuerhäuschen los. Die schwache Bude war einem solchen Anprall nicht gewachsen, krachend stürzte sie zusammen, und eine dichte Wolke Staubes wirbelte gegen den Himmel. Als sich diese etwas verzogen hatte, sah man einen wüsten Trümmerhaufen, unter welchem der Major und der ahnungslose Verzehrungssteuerbeamte in wirrem Durcheinander lagen.

Der Schimmel aber jagte über den Exerzierplatz, woselbst gerade das ganze Kernersche Bataillon die „Kniebeuge im Feuergefecht" übte. Der Adjutant machte einen Versuch, dem schnellfüßigen Achmed nachzusetzen; noch ehe es ihm jedoch gelungen war, seinen steifen Vertrauensgaul in Galopp zu bringen, war Achmed auch schon verschwunden.

„Herr Leutnant," schrie Hauptmann Winter, der auf dem Exerzierplatze das Kommando führte, dem Adjutanten nach, „Herr Leutnant, jagen Sie, was Ihr Pferd zu laufen vermag, nach der Stadt, rufen Sie von der nächsten Telephonstelle nach dem Rettungswagen und nach einem Arzt, ich werde hier inzwischen das weitere veranlassen."

Der Adjutant ritt in kurzem Trabe davon. Hauptmann Winter eilte mit einem Teil der Mannschaft nach der Stätte des Unglücks. Der Steuerbeamte hatte sich bereits erhoben, er war unbeschädigt und mit dem bloßen Schrecken davongekommen. Schlechter ging es dem Major. Dieser stöhnte vor Schmerzen und vermochte sich nicht zu erheben.

"Winter," sagte er mit gebrochener Stimme zu dem Hauptmann, der sich um ihn bemühte, "Winter, ich fürchte, mir sind sämtliche Rippen entzwei gebrochen, ich werde den heutigen Tag wohl kaum überleben."

Die Soldaten hatten den Major endlich unter den Trümmern hervorgezogen und mit Zuhilfenahme von Mänteln und Röcken weich gebettet. Hauptmann Winter knüpfte seinem gestürzten Freunde den Waffenrock auf und nahm ihm die steife Halsbinde ab; mehr Linderung vermochte er ihm nicht zu verschaffen. Zum Glück war der Rettungswagen rasch zur Stelle. Vorsichtig wurde durch die geschulte Mannschaft der jammernde Major hineingeschoben und nach dem nahe gelegenen Garnisonsspital befördert.

Major Kerner hatte sich die Schulter verrenkt, eine Quetschung des Armgelenkes zugezogen, zwei Rippen gebrochen und am Unterschenkel eine breite Rißwunde davongetragen. Als er nach ungefähr einer Stunde verbunden war, sah der Major genau aus wie ein Wickelkind.

"Mache dir nichts daraus," sagte der Regimentsarzt tröstend, "in längstens drei Wochen bist du so weit hergestellt, daß du wieder eine Badereise antreten kannst, die dich ganz herstellen wird."

In seiner hilflosen Lage hatte der Major hinlänglich Zeit, sich mit dem Gedanken eines längeren Urlaubs und einer daran geknüpften kleinen Badereise vertraut zu machen.

Kerner wußte nur zu gut, daß es ein Urlaub werden würde, von welchem es keine Wiederkehr giebt.

4.

Jan Pallewsky stürzte freudestrahlend in das Zimmer seines Herrn und meldete, daß der Schimmel Achmed wieder im Stalle stehe.

Schüttgenau, nichts Gutes ahnend, begab sich sofort hinunter, um sich von der Wahrheit der Meldung zu überzeugen. Der Schimmel befand sich richtig in seinem Stand, Pallewsky hatte ihm Kopfgestell und Sattel abgenommen und rieb das dampfende Pferd mit einem Strohwisch ab.

„Es muß ein Unglück geschehen sein," sagte der Offizier zu seinem Burschen. „Wie kam der Schimmel nach Hause?"

„Ich stand gerade vor der Stallthür," erzählte Pallewsky, „da sah ich den Achmed in vollem Galopp die Straße heraufkommen, reiterlos. Ich fürchtete, das Pferd werde stürzen, wenn es in zu kurzer Wendung die Stallthür zu erreichen suchte, und stellte mich mit gespreizten Armen hier auf. Dadurch kam der Schimmel, der ganz toll war, zur Besinnung; ich nahm ihn am Zügel, sattelte ab und rieb ihm den Schweiß tüchtig aus den Haaren, dann meldete ich das Vorkommnis dem Herrn Leutnant."

„Das hast du sehr gut gemacht, Pallewsky! Ich bin überhaupt mit dir zufrieden; wie lange hast du denn noch zu dienen?"

„Genau sechs Tage, Herr Leutnant."

„Eigentlich schade," murmelte Schüttgenau für sich. „Der Jan ist ein ganz anstelliger Mensch, man hat es nur nicht verstanden, ihn nach seiner Individualität zu behandeln." Und dann zu Jan gewendet: „Wenn jemand nach mir fragen sollte, so sagst du, daß ich zu Herrn Major Kerner gegangen bin, die Geschichte von Achmed kannst du miterzählen."

Jan lächelte blöde wie gewöhnlich; Schüttgenau schnallte sich den Säbel fester und ging.

Kerner hatte sich schon etwas erholt, er vermochte bereits zu sprechen.

„Ach," sagte er mit matter Stimme, als Schüttgenau eintrat, „ach, du willst nachsehen, wie es mir geht! Schlecht, lieber Freund, sehr schlecht! Eben war der Oberst da, er war ungemein milde und gütig. Er empfahl mir, nach meiner Wiederherstellung einen längeren Urlaub zu nehmen, er werde mein Ansuchen warm befürworten. Als ob ich nicht selbst wüßte, wo hinaus das will! Mit meiner Laufbahn ist es zu Ende, und wem verdanke ich das? Nur dieser höllischen Bestie, dem Achmed!"

„Denk dir," versetzte Schüttgenau, „der Schimmel ist in meinen Stall zurückgekehrt. Was soll ich denn mit dem Pferd anfangen?"

„Das weiß ich wirklich nicht. Als Pensionär kann ich kein Pferd brauchen. Hast du keine Lust, mir den Achmed abzunehmen?"

„Doch," sagte Schüttgenau, „wenn du nicht zu teuer bist. Du hast einmal erwähnt, daß du den Schimmel sehr hoch im Preise hältst. Was kostet er denn?"

„Achthundert Gulden, das ist er unter Brüdern wert."

„Gut," sagte Schüttgenau, „ich will nicht handeln und dich auch nicht im Preis drücken. Das Geld werde ich dir heute nachmittag senden, damit ist die Angelegenheit erledigt."

Major Kerner war im Grunde seines Herzens froh, daß er Achmed los war, Schüttgenau seinerseits war mit dem Handel auch zufrieden, niemand aber war glücklicher über den Kauf als Jan. Er tanzte vor Freude, als ihm der Leutnant die Mitteilung machte, umarmte und küßte den Schimmel und trieb allerlei tolles Zeug. Schüttgenau mußte anläßlich dieses so urwüchsigen Freudenausbruches unwillkürlich lächeln.

Nachmittags wollte der Leutnant den Achmed reiten, er begab sich nach dem Stall, fand aber den Schimmel nicht vor; Pallewsky war mit Achmed spazieren gegangen. Da es weiter nichts zu thun gab, so ging Schüttgenau ins Café Fischer, dort traf er den Generalstabshauptmann v. Miller.

„Hast du schon von dem Unfall des Majors Kerner gehört?" frug er diesen.

„Natürlich, die ganze Stadt spricht doch davon. Wie geht es ihm denn?"

„Er ist gräßlich zusammengeschunden, wird wohl kaum wieder Dienst thun können. Den Schimmel habe ich ihm abgekauft, ich glaube, daß unser guter Major kaum mehr Pferde nötig haben wird."

„Ich auch nicht," erwiderte lächelnd der Generalstäbler. „Dieser Mensch hat mit seinem Sturz ein wahrhaft borstiges Glück gehabt. Der Alte wollte ihn längst pensionieren, sei es so oder so. Nun ist Kerner im Dienst verunglückt, sein guter Stern hat ihn auf den Exerzierplatz getrieben. Er bekommt nicht nur eine höhere Pension, sondern sehr wahrscheinlich zu allem Ueberfluß noch den Oberstleutnantscharakter, eine Charge, die er im Dienst niemals erreicht hätte."

„So müßte man ihm eigentlich gratulieren," lachte Schüttgenau.

„Gewiß, seine militärische Laufbahn hätte er gar nicht glücklicher abschließen können. Aber reden wir von etwas anderem. Weißt du schon, daß für den kommenden Montag große Parade angesagt ist?"

„Nein, davon wußte ich noch nichts. Ich bin dir sehr dankbar, daß du mir davon Mitteilung machst. Ich führe den ersten Zug der ersten Eskadron und besitze gegenwärtig kein anderes Pferd als den Schimmel und meinen Dienstgaul; ich werde also wohl letzteren reiten müssen."

„Thue das, Kamerad. Die Bestie, die heute früh den Major Kerner in den dauernden Ruhestand geworfen hat, ist derartig auffallend, daß sofort aller Augen an ihr hängen. Das ist immer mißlich, man wird zu sehr beobachtet. Die Damen werden in Wagen an der Parade teilnehmen, was der ganzen Sache einen besonderen Schwung giebt. Reite dein Dienstpferd, die göttliche Hertha könnte sich sonst am Ende anstatt in den Reiter in den Schimmel vergaffen."

„Du bist heute ganz besonders bissig."

„Fällt mir gar nicht ein, lieber Schüttgenau. Wenn ich dir aber als erprobter und aufrichtiger Freund einen guten Rat erteilen darf, so geht dieser dahin: Plündere bei irgend einem guten Blumenhändler den Laden und sende zur Frühjahrsparade ein paar prächtige Sträuße an Ihre Excellenz und Fräulein Tochter. Du mußt doch endlich einmal aus dieser Zwickmühle heraus. Kommen die Damen mit den Blumen zur Parade, so bedeutet das für dich offenbar die beste Hoffnung, erscheinen sie ohne Blumen, so stellst du den Feldzug ein. Jedenfalls weißt du, woran du bist."

„Eigentlich hast du recht," versetzte Schüttgenau, „ich muß der Sache ein Ende machen. Von Hertha lasse ich aber nicht, das steht bei mir fest. Ist der Alte unzugänglich, so hänge ich meinen Säbel an die Wand, trete ins Zivil zurück, wodurch ich seiner Machtsphäre entrückt bin. Wir haben uns entschlossen, selbst gegen den Willen des Vaters zu heiraten; die letzte Begegnung in der Theaterloge hat diesen Entschluß gezeitigt."

„Na also. Ein Entschluß ist auf alle Fälle besser als keiner. Ob dies der richtige ist, darüber läßt sich reden."

„Weißt du, Miller, mir ist diese Parade im gegenwärtigen Augenblick recht zuwider. Ganz abgesehen davon, daß ich die Fatalität mit den Pferden habe — eine innere Stimme sagt mir, daß die kommenden Ereignisse nichts weniger als angenehm für mich sein werden, ich habe so eine Ahnung von Unglücksfällen und dergleichen. Ich bin dir dankbar, daß du über mich lachst."

„Auf Ahnungen halte ich nichts," entgegnete der Hauptmann achselzuckend.

„Freilich, freilich, es ist Unsinn," entgegnete Schüttgenau, „das ändert aber an der Sache nichts. Ich wollte, die Parade wäre schon vorüber! Am Montag verläßt mich auch mein bisheriger Bursch, der rühmlichst bekannte Jan Pallewsky, der die ganzen drei Jahre seiner Dienstzeit so gut wie gar nichts gethan hat. Mir thut es leid um den Menschen, er hat sich bei mir sehr ordentlich gehalten und mir nie Ursache zur Klage gegeben. Was wird der Unglücksvogel nur im Zivil beginnen?"

„Zerbrich dir nicht über das Schicksal deines Burschen den Kopf. Das Heer ist keine philanthropische Anstalt, der Soldat geht uns nur so lange etwas an, als er die Uniform anhat. Doch ich muß dich jetzt verlassen, ich habe heute noch zu thun und muß morgen vor Sonnenaufgang im Sattel sein, wir haben eine Brigadeübung."

Die beiden Freunde schüttelten sich die Hände und trennten sich; erst bei der großen Parade sollten sie sich wiedersehen.

5.

Der von vielen gefürchtete Paradetag war angebrochen. Schon bei Tagesgrauen wurde es in der Kaserne lebendig, lange vor der bestimmten Zeit war das Regiment aufgesessen, die Wachtmeister musterten jeden einzelnen Mann nochmals mit aller Gründlichkeit, dann musterten ihn die

Subalternoffiziere, dann der Rittmeister und dann noch einmal der Major — so mußte wohl alles tadellos sein.

Etwas Gruseliges hat so eine große militärische Parade immer an sich; in der Luft hängt es wie ein drohendes Gewitter, die ganze Atmosphäre ist mit Elektrizität geladen. Die Regimenter treffen sich am Paradeplatz, woselbst Generalstabsoffiziere das Gerippe der Aufstellung bereits abgesteckt haben, die Truppen rücken in ihre Stellungen. Richtung, Gliederdistanzen werden haarscharf genommen, in die ältesten und bequemsten Hauptleute fährt plötzlich eine Beweglichkeit, die geradezu unheimlich ist. Das ohnedies überreiche Register militärischer Schelt- und Kraftworte erfährt an Paradetagen stets eine wesentliche Bereicherung, kein Mensch ist vor einem ausgiebigen Rüffel sicher.

Pünktlichkeit ist bekanntlich die heiligste Pflicht des Soldaten, möge dieser nun Feldmarschall oder nur gemeiner Infanterist sein. Genau mit dem Glockenschlag der achten Stunde erschien eine glänzende Reiterschar am Horizont, es war der Corpskommandant mit seinem Stabe; den Reitern folgten in offenen Landauern die Damen, Hertha hatte einen prächtigen Blumenstrauß vor sich liegen.

Der Corpskommandant ritt die Front der Truppen ab, dann gab er den Befehl zum Vorbeimarsch. Die höheren Offiziere nahmen zur linken Seite des Corpskommandanten Aufstellung, die Damen in ihren Wagen zur rechten.

In elastischem Gleichschritt zog zuerst die Infanterie vorüber, dann folgte die Jägertruppe, die sich mit ihren hechtgrauen Uniformen und den wallenden Federbüschen auf den Hüten sehr gut machte. Nach dieser rasselte in Kolonnen, je vier und vier Geschütze nebeneinander, die Artillerie vorüber, ihr folgte auf fünfzig Schritte Entfernung die Reiterei.

Einer alten Ueberlieferung entsprechend spielt die Musik
den Savoyermarsch, sobald die Kavallerie defiliert; seit
nahezu drei Jahrhunderten hat sich diese Gewohnheit ein-
gebürgert. Leutnant v. Schüttgenau als Führer des ersten
Zuges der ersten Eskadron kam an die Spitze des Regiments zu stehen. Er ritt den arabischen Schimmel und
hatte von weitem mit Freuden erkannt, daß Hertha mit
dem Blumenstrauß, den er ihr gesendet hatte, erschienen
war. Dreißig Schritte vor dem Corpskommandanten gab
der Oberst seinem Gaul die Sporen und sprengte im
Galopp an die Seite des Generals; Schüttgenau blieb
allein an der Spitze des Husarenregimentes, welches im
Schritt defilierte.

Kurz vor der Musik wurde Achmed plötzlich unruhig.
Das Pferd legte die Ohren zurück, blies die Nüstern auf,
um tief Atem zu holen, und schlug mit dem langen prächtigen Schweif seine Flanken. Ohne auf den Willen seines
Reiters zu achten, setzte sich der Araber auf die Hinterfüße
und begann regelrecht nach dem Takte der Musik zu tanzen.

Schüttgenau war starr. Er glaubte, daß der Schimmel
plötzlich wahnsinnig geworden sei, daß eine Art Veitstanz,
eine bei europäischen Pferden bisher unbekannte Krank-
heit, das Pferd ergriffen habe. Aber er war vollkommen
machtlos, er befand sich ganz in der Gewalt seines Schimmels, den er nicht einmal zu strafen vermochte. Dem
wahnsinnigen Roß die Sporen in die Flanken zu hauen,
das ging nicht, das Pferd würde in die vorne marschierende
Artillerie hineinstürmen und dort das größte Unglück anrichten; eine Peitsche wird bekanntlich zur Parade nicht
mitgenommen, in diesem Falle wäre sie auch ganz wert-
los gewesen. Max dachte schon daran, das Pferd durch
einen Säbelhieb zu Boden zu strecken, ließ diesen Gedanken aber sofort fallen. Was würde die gefühlvolle
Hertha zu einem solchen Akt der Grausamkeit sagen?

Während im Kopfe des Leutnants die Gedanken durcheinanderjagten, tanzte der Schimmel unermüdlich auf den Hinterbeinen höchst anmutig weiter. Genau nach dem Takt der Musik setzte er die Füße kokett und zierlich nebeneinander und peitschte mit dem mächtigen Schweif dabei die Flanken. Zuerst unterbrücktes, dann immer lauter werdendes Gelächter belohnte diese bei einer Parade noch nicht dagewesenen Produktionen.

Dem unglücklichen Reiter war jedoch gar nicht lächerlich zu Mute, er hätte viel lieber weinen mögen.

„Herr Oberst," rief der Corpskommandant, der diesem merkwürdigen Schauspiel wortlos zugesehen hatte, „Herr Oberst, rufen Sie diesen sonderbaren Herrn, der uns da was vortanzt, zu mir herüber."

Der Oberst winkte Schültgenau mit dem Säbel heran.

Ohne alle Schwierigkeiten gelang es dem Leutnant, das Pferd zu wenden, vom Tanzen aber brachte er es absolut nicht ab. Auf den Hinterbeinen kam Achmed voll Grazie direkt auf den Corpskommandanten zu. Der Oberst lachte, alle Offiziere lachten, selbst Seine Excellenz konnte ein leises Lächeln nicht unterdrücken. Die Damen, als sie das Pferd in solcher Haltung unmittelbar auf sich zukommen sahen, gerieten in Schrecken, der schönen Hertha entfiel der Blumenstrauß und rollte gerade auf Achmed zu. Der Schimmel und nicht etwa der gänzlich fassungslose Leutnant bemerkte dieses Vorkommnis, plötzlich stellte Achmed den Tanz ein, schritt graziös auf den Strauß zu, erfaßte ihn mit den Zähnen sorgfältig am Stiel und überreichte ihn der glühend errötenden Hertha, indem er sich dabei auf die Kniee niederließ.

Schültgenau saß noch immer im Sattel. Ihm war, als ob ein böser Traum ihn äffe, aus welchem er sofort erwachen müsse. Die Stimme Seiner Excellenz brachte ihn zum Bewußtsein, daß er wirklich wache, daß er durchaus nicht träume.

„Sitzen Sie endlich ab, Herr Leutnant," sagte der General, „geben Sie den Donnerschimmel einem Mann zum Halten und kommen Sie nach der Parade zu mir in meine Wohnung."

Schültgenaus Herz schlug wie ein Schmiedehammer, er glaubte, die schweren Goldschnüre seines Attilas müßten unter dem Druck der Brust zerreißen. Wer hätte dem Schimmel so eine Teufelei zumuten können, welcher Satan war in das Tier gefahren? Der ganze herrliche Vorübermarsch war zerstört, kein Mensch würdigte die stramm vorüberreitenden Husaren auch nur eines Blickes, aller Augen hafteten auf dem vom Teufel besessenen Schimmel. Nach der reizenden Hertha wagte der Leutnant gar nicht auszublicken, er trat zu den Offizieren und drückte sich möglichst in den Hintergrund. Ein wilder Trotz war über ihn gekommen, finster blickte er vor sich nieder.

„Ich habe die militärische Schinderei ohnedem satt bis zum Ekel," murmelte er für sich. „Nach dem heutigen Vorkommnis bin ich so gut wie unmöglich geworden, das braucht mir der Corpskommandant gar nicht weiter auseinanderzusetzen. Ich werde mein Abschiedsgesuch einreichen, aufs Land gehen und dort in Ruhe und Frieden meinen Kohl bauen. An Hertha trete ich jetzt offen heran; wenn ich gezwungen bin, Farbe zu bekennen, so muß sie es auch!"

Diese und ähnliche Erwägungen beruhigten den jungen Offizier wesentlich. Seinen Kameraden wich er des unausbleiblichen Spottes halber sorgfältig aus, am wenigsten mochte er dem Obersten begegnen, er wußte, daß ihn dieser nicht übel anfauchen werde.

Eine Droschke brachte den Leutnant nach der Parade

zurück nach der Stadt. Während der Fahrt zerbrach er sich vergeblich den Kopf über das merkwürdige Beginnen des Schimmels, den er keinen Tag länger in seinem Stall dulden wollte.

Endlich näherte sich der Zeiger der Uhr der elften Stunde. Jetzt war es Zeit, bei dem Corpskommandanten anzutreten. Schüttgenau machte sich auf den Weg.

„Den Kopf kann es ja nicht kosten," sagte er zu sich selbst. „Wenn Hertha ein braves Mädchen ist, wofür ich alle Ursache habe sie zu halten, dann nimmt sie mich als Zivilisten auch. An meiner Uniform darf ihr Herz nicht hängen. Ich bin eigentlich froh, daß alles so gekommen ist, endlich erhalte ich Klarheit."

Unter diesen und ähnlichen Gedanken stieg der Leutnant langsam die teppichbelegte Treppe empor, energisch zog er an der Klingel.

Anstatt der Ordonnanz öffnete ihm der Kammerdiener die Thür. „Seine Excellenz erwarten den Herrn Leutnant im grünen Salon. Darf ich bitten —" sagte der Bediente und schritt voraus, klopfenden Herzens folgte ihm Schüttgenau.

Im Salon war der General bereits anwesend. Er hatte den Waffenrock aufgeknöpft, ein sicheres Zeichen für den Leutnant, daß keine dienstliche, sondern eine private Auseinandersetzung folgen werde. Schüttgenau schlug die Absätze zusammen, eine kurze Verbeugung folgte, dann stand er stramm aufgerichtet vor dem Corpskommandanten.

Ueber das wetterharte Gesicht des Generals huschte ein leises Lächeln. „Bitte," sagte er, „nehmen Sie Platz." Damit deutete er auf einen ihm gegenüberstehenden Armsessel.

Der junge Offizier setzte sich, die Sache wurde für ihn immer rätselhafter.

„Herr Leutnant," begann der General nach kurzer

Pause ungewöhnlich milde, „Herr Leutnant v. Schüttgenau, Sie haben heute nicht ganz korrekt gehandelt, Sie haben meine Tochter vor aller Welt geradezu kompromittiert. Welcher Satan hat Ihnen denn diesen heillosen Gedanken eingegeben, sich in solcher Weise öffentlich zu erklären? Warum kamen Sie nicht einfach zu mir, wie sich das für einen Offizier schickt, und brachten mir Ihr Anliegen vor? War eine solche öffentliche Scene notwendig? Sprechen Sie, Herr Leutnant, ich will wissen, was Sie dazu bewogen hat, solche Kunststücke auszuführen."

Schüttgenau brachte kein Wort über die Lippen. Er hätte eher den Einsturz des Himmels für möglich gehalten, als daß der General die Tollheit des Schimmels in diesem Lichte betrachten werde.

„Ich habe gegen Ihre Person ja nicht das geringste einzuwenden," fuhr der General, Schüttgenaus Verwirrung bemerkend, fort, „Sie sind ein tüchtiger Offizier und können es noch zu etwas bringen. Aber solche Narrenstreiche, wie Sie heute auszuführen die Laune hatten, muß ich mir entschieden verbitten. Eigentlich hätte ich Sie vom Fleck weg in Arrest schicken sollen, Herr Leutnant."

In diesem kritischen Augenblick öffnete sich die Thür des Nebenzimmers, und Frau v. Röber erschien auf der Schwelle; dadurch nahm der Auftritt, der hart daran war, trotz ihrer eindringlichen Verwarnung wieder einen dienstlichen Anstrich zu erhalten, eine freundlichere Wendung.

Schüttgenau gab der lieben Mama die Versicherung, daß er Hertha über alles liebe und daß er keinen anderen Wunsch, kein anderes Glück kenne, als das angebetete Mädchen auf den Händen durchs Leben tragen zu dürfen. „Meine Mutter," schloß er, „billigt meinen Entschluß, sie ist glücklich über die Wahl, welche ich getroffen habe. Hertha wird an ihr eine zweite liebevolle Mama finden."

Ihre Excellenz nahm diese Herzensergießung freundlich auf, der Herr Corpskommandant schaute zum Fenster hinaus und trommelte auf den Scheiben sein Lieblingsstück, den alten Grenadiermarsch.

„Der Herr Leutnant hält also in aller Form um unsere Hertha an, lieber Mann," sagte die Generalin lächelnd. „Da müssen wir das Mädchen aber wohl auch erst noch fragen."

Hertha wurde herbeigerufen, das Elternpaar verließ den Salon, die Liebenden waren allein.

Weder Max noch seine Braut vermochten die Fülle ihres Glückes zu fassen.

6.

„Das soll heute ein Festtag werden im Regiment," sagte Schüttgenau zu sich selbst, als er wieder auf der Straße war. „Wer hätte an eine solche Lösung, an eine solche Fülle des Glückes glauben können!"

Am Franz Josephs-Platze begegnete Schüttgenau seinem Obersten. Dieser hielt ihn an. „Sie waren bei Seiner Excellenz?" fragte der Oberst kurz.

„Zu Befehl, Herr Oberst," antwortete Schüttgenau.

„Nun und —?"

„Ich habe mich mit der Tochter des Herrn Corpskommandanten verlobt und werde morgen beim Rapport um die Bewilligung zur Heirat nachsuchen."

Der Oberst war starr vor Erstaunen. „So hat Seine Excellenz Sie aus dieser Ursache heute zu sich befohlen?" fragte er.

„Ich glaube das annehmen zu dürfen."

„Dann kann ich Ihnen also gratulieren. Nehmen Sie meine besten Glückwünsche; ich habe Sie als Offizier immer sehr hoch geschätzt, gönne Ihnen Ihr Glück von Herzen. Es ist eine Auszeichnung für unser ganzes Regiment, wir können stolz darauf sein, den Schwiegersohn eines unserer hervorragendsten Generale als Kameraden zu haben. Ich fürchte nur, daß Sie uns nicht lange erhalten bleiben werden, Seine Excellenz wird Sie jedenfalls zum Adjutanten machen, das ist ja selbstverständlich. Sie werden natürlich auch diese verantwortungsvolle Stelle mit Glück ausfüllen."

Die Herren schüttelten sich die Hände, obwohl der Oberst dem „Parabeltänzer" ursprünglich ganz etwas anderes hatte schütteln wollen, und trennten sich sehr freundschaftlich. Schüttgenau begab sich nach seiner Wohnung.

Im Vorzimmer wartete seiner ein überaus elegant gekleideter Herr. Dieser war nach der allerneuesten englischen Mode gekleidet. Er trug einen langen gelben, bis auf die Erde reichenden Ueberrock, der mit schwerer Seide gefüttert war, dazu blaue, unten aufgeschlagene Beinkleider und spitze Lackschuhe mit scharlachroten Strümpfen. Im Auge war ein schnurloses Monocle festgeklemmt, die Hände steckten in orangegelben Handschuhen, die ganze Gestalt war in eine Wolke von Parfüm gehüllt.

Schüttgenau verneigte sich höflich vor dem Fremden und frug, ob er ihn suche.

Der elegante Herr bejahte die Frage des Leutnants. Letzterer schloß die Wohnungsthür auf und bat durch eine Handbewegung den Herrn, einzutreten. Dann schob er einen Armsessel herbei und frug, mit was er dienen könne.

„Ist es denn möglich," frug der elegante Zivilist, „daß der Herr Leutnant mich nicht mehr erkennen sollten? Es ist doch erst wenige Tage her, daß ich das Vergnügen hatte, Sie täglich zu sehen."

„Es thut mir außerordentlich leid," entgegnete Max, „aber ich erinnere mich Ihrer absolut nicht. Ich will gerne glauben, daß wir uns in Gesellschaft öfters getroffen

haben, mein Personengedächtnis ist aber sehr schlecht, ich
bitte diesbezüglich um Entschuldigung."

Der Fremde lächelte. „Die Gesellschaft, in der wir
uns täglich trafen, Herr v. Schüttgenau, war, was
Stand und Name der Mitglieder anbelangt, nicht die vor-
nehmste. Schuster, Schneider, Landstreicher, Zigeuner und
so weiter waren darin vertreten — ich bitte, haben Sie
die Güte und schauen Sie mich doch ordentlich an, Sie
müssen mich erkennen!"

Schüttgenau betrachtete aufmerksam das intelligente,
bartlose Gesicht des Fremden. Plötzlich trat er einen
Schritt zurück und starrte wie entgeistert den jungen Mann
an. „Nein," murmelte er für sich, „nein, es ist nicht
möglich! Und doch — Herr des Himmels, Sie sind doch
nicht — ja, Sie sind es doch, Sie sind Jan Pallewsky!"

„Gewiß," lächelte dieser, „ich heiße Jan Pallewsky,
die Welt aber kennt mich unter dem Namen Tom Balling.
Ich bin jetzt erster Clown des Zirkus Salamonsky. Morgen
trete ich mein Engagement in Berlin an. Vor meiner
Abreise wollte ich Ihnen, Herr Leutnant, danken für
Ihre Freundlichkeit mir gegenüber, und dann wollte ich
noch —"

Schüttgenau, der langsam seine Fassung wieder gewonnen hatte, unterbrach den Sprecher. „Bitte, Herr
Pallewsky" — das „Herr" wollte dem Offizier seinem
ehemaligen Burschen gegenüber nicht recht von der Zunge —
„bitte, sagen Sie mir, wie ist denn nur eine solche
Verwandlung möglich? Ich kann das wirklich nicht begreifen."

„O, das ist sehr einfach," entgegnete lachend der Clown.
„Mein Beruf bringt es mit sich, daß ich den „dummen
August" spiele, jenen Allerweltsnarren, den Sie aus der
Manege hinlänglich kennen. Ich kam, als man mich zum
Militär einzog, zu der Ueberzeugung, daß mir die Fort-

führung meiner Rolle dort außerordentlich nützlich werden könnte; sie verschaffte mir wesentliche Erleichterungen im Dienst, und ich hatte alle Ursache, meine intelligenteren Kameraden zu bedauern. Ich gestehe es Ihnen, Herr Leutnant, daß mich namentlich der arme Wachtmeister Horvat oft recht dauerte. Ich konnte ihm aber leider nicht helfen. Ein Sturz vom Pferde, daß die Reitschulwand kracht, ein Sprung von der Leiter — das sind für mich nur Kleinigkeiten, die ich produzieren konnte, so oft ich nur wollte. Alle Unglücksfälle, die mich während meiner Dienstzeit getroffen haben, sind zu meinem Vorteil ausgeschlagen, ich war wohl der einzige Soldat im ganzen Heer, der wirklich bequem gedient hat. Hätte der Herr Rittmeister geahnt, daß in mir ein vorzüglicher Reiter steckt, daß ich als Pferdedresseur mich eines Weltrufes zu erfreuen habe, ich wäre ausgenützt worden bis auf den letzten Blutstropfen. Das wollte ich vermeiden."

„Herr Pallewsky," sagte Schüttgenau resigniert, „Herr Pallewsky, Sie haben den dummen Kerl nur markiert, wir anderen sind in Wahrheit die dummen Kerle gewesen. Hätte man geahnt, welch blutige Komödie Sie mit uns spielen, es wäre Ihnen schlecht ergangen. Aber da Sie jetzt wieder Zivilist sind und mir vertrauen, will ich Sie nicht verraten."

„Das habe ich von dem Herrn Leutnant als sicher vorausgesetzt," entgegnete Pallewsky. „Sehen Sie, Herr Leutnant, das Pfund, welches wir von der gütigen Vorsehung mit auf den Lebensweg bekommen haben, sollen wir nicht vergraben, sondern damit wuchern. Das habe ich in meiner Weise trotzdem redlich gethan. Ich möchte Sie vor meiner Abreise nur noch fragen, ob Sie nicht geneigt wären, mir den Achmed zu verkaufen."

„Den Achmed wollen Sie? Alle Hagel, jetzt geht mir ein Licht auf! Der Dresseur Tom Balling und der

Schimmel Achmed! — Daher Ihre Liebe zu diesem Pferd! Tom, Sie haben den Schimmel tanzen gelehrt, Ihnen verdanke ich den Standal auf der heutigen Parade, gestehen Sie es nur."

„Ich habe die Fähigkeiten des Schimmels, als wir ihn von Major Kerner übernahmen, sofort erkannt und ihn allerlei Kunststücke gelehrt. Er tanzt nach dem Takte der Musik, apportiert Blumensträuße und parfümierte Sacktücher, er wird es voraussichtlich in der Kunst noch weit bringen."

„Sagen Sie mir nur, wann haben Sie denn die Zeit zu diesem Unterricht gefunden?"

„Ich führte auf Ihren Befehl den Schimmel täglich zwei Stunden spazieren. Hinter der Infanteriekaserne liegt eine verlassene bretterne Tenne. Diese mietete ich, und dort unterrichtete ich den Schimmel. Im Hofe der Kaserne übte die Regimentsmusik, ich hatte also gleich die nötige instrumentale Begleitung, ich konnte mir wirklich nicht mehr wünschen."

„Wahrhaftig," murmelte Schüttgenau, „es ist unglaublich, wie kurzsichtig der Mensch ist. Das alles geschah sozusagen unter meinen Augen, und ich merkte nichts. Da verliert man das ganze Selbstvertrauen. Also, Herr Pallewsky, Sie wünschen den Schimmel, ich bin bereit, Ihnen das Pferd zu überlassen, doch gebe ich es nicht unter zwölfhundert Gulden ab."

Wortlos zog der Clown aus seiner Rocktasche ein elegantes, mit einem fürstlichen Wappen geschmücktes Portefeuille, offenbar ein Geschenk, blätterte darin herum und legte nach kurzem Suchen einen Tausendgulden- und zwei Hundertguldenscheine auf den Tisch.

„Ich danke Ihnen bestens," sagte er zu dem Offizier. „Achmed lasse ich sofort durch meinen Diener abholen. Morgen sind wir beide schon in Berlin auf dem Sand."

Schüttgenau und Hertha waren ein glücklich vermähltes Paar, sie befanden sich eben auf der Hochzeitsreise. Die warme Jahreszeit ließ eine Reise nach Italien nicht angenehm erscheinen, die jungen Leute wählten daher den Norden. Bis an die ferne Küste Norwegens sollte die Reise gehen. In Berlin wurde längerer Aufenthalt genommen. Große Plakate verkündeten eine Galavorstellung im Zirkus Salamonsky, Hertha und Max begaben sich dahin. In der Friedrichstraße begegnete ihnen ein eleganter Herr, der überrascht stehen blieb. Es war der ehemalige Major Kerner, der seit Erlangung seines ehrenvollen Abschieds in der deutschen Kaiserstadt lebte.

Das gab ein fröhliches Wiedersehen.

„Weißt du," sagte Kerner zu Schüttgenau, „ich bin dem Schimmel des Sultans eigentlich zu Dank verpflichtet. Ohne jenen Sturz wäre ich kaum nach Berlin gekommen, woselbst ich meine Braut, die Witwe eines ehemaligen Justizrates, kennen gelernt habe. In vier Wochen machen wir Hochzeit, dann treten wir eine längere Reise durch ganz Europa an. Das habe ich mir immer gewünscht."

Schüttgenau und Hertha gratulierten herzlichst. „Siehst du, lieber Freund," sagte Schüttgenau, „dieser türkische Schimmel war ein überaus glücklicher Ehestifter, auch mich und mein liebes Weibchen hat er zusammengebracht. Die Geschichte will ich dir später einmal erzählen."

Oberstleutnant a. D. Kerner ließ sich leicht überreden, mit dem jungen Paar den Abend im Zirkus zu verbringen. Unterwegs trat er in einen Blumenladen und brachte der schönen Hertha einen prächtigen Strauß, worüber diese hocherfreut war.

Im Zirkus nahmen die Herrschaften in der vordersten Reihe Platz, das Haus war bis an die Decke gefüllt. Der Clown Tom Balling zog die Leute in Scharen an.

Heute wollte er eine neue Nummer geben, sie hieß: „Der Stern des Orients".

Die Pforten der Manege öffneten sich; herein stürmte ein prächtiger arabischer Schimmel, der wie toll den kleinen Kreis durchjagte. Kerner und Schüttgenau warfen sich einen überraschten Blick zu — kein Zweifel, der „Stern des Orients" war Achmed!

Jan Patkewsky hatte recht behalten; Achmed produzierte die unglaublichsten Kunststücke, das Publikum applaudierte wie toll, man hatte von einem Pferde eine solche Leistung noch nicht gesehen.

Einer plötzlichen Eingebung folgend nahm Schüttgenau plötzlich seiner jungen Frau den Blumenstrauß aus der Hand und schleuderte ihn mitten in die Manege. Nur einen Augenblick schien es, als ob Achmed überlege, dann faßte er mit dem Maul sorgfältig die Blumen an und überreichte diese der errötenden Hertha.

Jan näherte sich überrascht der Gruppe, die nicht in seinem Programme stand, und auf den ersten Blick erkannte er seinen ehemaligen Leutnant. Nur wenige Worte konnte er mit ihm wechseln, sie betrafen eine Zusammenkunft nach der Vorstellung, dann nahm die Produktion ihren weiteren Fortgang.

Der Schimmel des Sultans enthusiasmierte den ganzen Zirkus.

Die elektrische Zentralbahn in London.

Technische Skizze von Otto Häussler.

Mit 8 Illustrationen. (Nachdruck verboten.)

Der ungeheure und stetig wachsende Verkehr unserer Großstädte, besonders der inneren, eigentlichen Geschäftsviertel erfordert zu seiner Bewältigung außerordentliche Mittel. Omnibus, Droschken, Pferdebahn, elektrische Straßenbahnen genügen nicht mehr, und so gelangte man zum Bau von normalgeleisigen Stadteisenbahnen. Aber diese modernen und schnellen Beförderungsmittel stören in stark belebten Straßen den Verkehr nahezu in gleichem Maße, als sie ihn fördern, und so stellte sich denn eine Notwendigkeit heraus, entweder Hoch- oder Tiefbahnen zu bauen.

In beiden ist London, als größte Stadt der Erde, naturgemäß allen übrigen Großstädten vorangegangen. Während für die äußeren Stadtgebiete noch Raum genug für Hochbahnen vorhanden war, konnten für die City, den Stadt- und Geschäftsmittelpunkt, nur Tiefbahnen in Frage kommen, von denen die erste 1868 eröffnet wurde. Diese Londoner Untergrundbahn, welche kolossale Kosten ver-

Anfang der Schachtarbeiten an der Bond Street-Station.

ursachte, war lange eine Art Weltwunder. Sie läuft in Tunneln unter den Häusern im Kreise unter der ganzen inneren Stadt und hat eine Menge Zweiglinien nach den Außenbistrikten.

Aber der Verkehr stieg immer mehr, dazu machten sich die mit einer Untergrundbahn verbundenen Uebel: Kellerluft, Rauch, Schwefeldunst, Schmutz und das ohrenbetäubende Geräusch in unangenehmster Weise geltend; allein man wußte keinen Rat. Da trat die Elektrizität als neueste Bewegungsart auf den Plan. Leistet sie bei oberirdischen Bahnen so gute Dienste, warum nicht auch bei unterirdischen? So sagte man sich. Und sofort ging man ans Werk, eine elektrische Tiefbahn zu bauen, die City-South London-Bahn, die eine Verbindung zwischen der City und dem Südwesten der Stadt herstellt. Es wurde diesmal nicht eine bloße Untergrund-, sondern eine richtige Tiefbahn. Die Stationen liegen über 12 Meter unter der Straßenoberfläche, und die Bahn geht in einer Tiefe von 18½ Meter unter der Themse durch.

Die Vorteile dieser Tieflegung der Bahn sind augenfällig. Es ist keinerlei Grundeinlösung, Häuserunterfangung, Umgehung der Gas- und Wasserleitungen und Abzugskanäle nötig, wodurch sich die Baukosten erheblich verringern. Die Eröffnung fand im Dezember 1890 statt. Die Endstationen sind in King William Street (City) und Stockwell; die Länge beträgt 5,7 Kilometer. Außer dem nicht wegzubringenden Geräusch hat diese Bahn keine der oben gekennzeichneten Unannehmlichkeiten der unterirdischen Dampfbahn.

Daher erklärte im März 1892 ein gemeinsamer, zur Beratung der wichtigen Frage eingesetzter Ausschuß der beiden Häuser des englischen Parlamentes den Bau elektrischer Tiefbahnen in der Londoner City für ein bringendes Bedürfnis, und nun wurde der Bau der neuesten,

größten und tiefsten elektrischen Tiefbahn Londons, der
Zentralbahn, in Angriff genommen, die bisher das groß-
artigste Werk dieser Art und in technischer Beziehung

"Schild" für die Tunnelbohrung.

vorbildlich ist. Die Londoner elektrische Zentralbahn ist von
der britischen Thomson-Houston-Gesellschaft im Verein mit
der Berliner Union Elektrizitätsgesellschaft erbaut und am
27. Juni 1900 feierlich eröffnet worden. Sie verbindet,

156   Die elektrische Zentralbahn in London.

von der Bank von England ausgehend, die City mit den verkehrsreichsten westlichen Stadtteilen und dem vornehmsten, hinter dem Hyde Park liegenden Villenviertel. Die Endstation ist Shepherd's Bush, wo auch die Kraftstation liegt. Die Strecke besteht aus zwei nebeneinander

Fertiger Tunnel der Zentralbahn.

her laufenden Tunneln, die von starken Stahlröhren von 3,8 Meter Durchmesser gebildet sind. Sie liegen im Durchschnitt 25 Meter unter der Straßenoberfläche. Der Zugang zu den kleinen Bahnhöfen der Zwischenstationen geschieht von der Straße aus durch Schächte, in denen Treppen und Fahrstühle hinabführen. Die Fahrstühle können gleichzeitig hundert Personen aufnehmen. Jede

Unterirdische Bahnstation beim Holland Park.

Lokomotive besitzt vier Motoren und vermag einen Zug mit 336 Fahrgästen zu befördern. Der Aufenthalt auf den kleinen Stationen beträgt 20 Sekunden, die Züge können einander in Zwischenräumen von 2½ Minuten folgen. In fast gerader Linie durchzieht die elektrische Zentralbahn London, indem sie unter den Hauptverkehrsadern Holborn und Oxford Street dahingeht, die sie in wirksamer Weise entlastet.

Die Schwierigkeiten des Baues waren nicht gering, und viele unserer Leser werden fragen: wie ist es überhaupt möglich, unter dem belebtesten Teil einer Weltstadt eine Bahn zu bauen? Unsere Ingenieure und Techniker verstehen das heutzutage auszuführen ohne jede Störungen des Verkehrs, ja, ohne daß man droben im Straßengebiete etwas merkt, ausgenommen an den Stellen, wo die Stationen hinkommen sollen. Werfen wir, um uns den Hergang klar zu machen, einen kurzen Blick auf die Baugeschichte der Londoner Zentralbahn.

An der Stelle, wo die künftigen Stationen hinkommen sollten, wurden die dort stehenden Häuser angekauft, niedergerissen und an der freien Stelle mit der Auslieferung eines Schachtes begonnen, das heißt eines runden Loches von 9 Meter Durchmesser und 25 Meter Tiefe, dessen Wände aus ringförmig zusammengenieteten Eisenblechplatten bestehen. Unsere Abbildung S. 153 zeigt den Schacht der Bond Street-Station in seinen Anfängen. Man gräbt zuerst die Erde 1,20 Meter tief aus; dann wird in das Loch der erste Ring der eisernen Wandung eingesetzt, indem man die einzelnen Stücke an Ort und Stelle aneinander nietet. Ist das geschehen, so hebt man innerhalb des eisernen Ringes wieder 1,20 Meter Grund aus und setzt darauf den zweiten Ring ein, den man mit dem oberen verbindet. So schreitet man immer weiter fort, bis die erforderliche Tiefe erreicht ist.

Nun beginnt das schwerere Stück Arbeit, die Ausbohrung der Tunnel, die im rechten Winkel zu dem Schacht zu erfolgen hat. Nachdem die Richtung genau

Unterirdischer Gang für die Wasserleitungs-Abzugs- und Gasröhren.

festgestellt worden ist, wird der „Schild" aufgestellt, und nun können die Tunnelarbeiter ihr Werk anfangen. Dieser „Schild" oder Schutzrahmen für die Arbeiter ist bei Tunnelbauten überall unerläßlich, wo man nicht im festen Gestein, sondern in weichem Boden bohrt, der nachstürzen würde. Der „Schild", ein eiserner Rahmen mit verschiedenen Abteilungen für die Arbeiter, wird an den auszugrabenden Boden gestellt und mittels hydraulischer Pressen vorwärts geschoben, während die Arbeiter mit Hacke und Schaufel innerhalb seiner Rundung die Erde entfernen. Der Rahmen schützt sie so lange, bis der Tunnel an dieser Stelle ausgemauert oder anderweitig gesichert ist. Bei der Zentralbahn wurden die beiden Tunnel aus Ringen von Schmiedeeisen hergestellt, die man in dem Maße, wie das Werk fortschritt und die „Schilde" unter dem Boden vordrangen, aneinander setzte. Die fertigen Tunnel bilden eine durch viele ringförmige Rippen gestützte und verstärkte eiserne Röhre von 3,₃ Meter Durchmesser. Es sind zwei, je einer für die Hin- und die Herfahrt, so daß Zusammenstöße zwischen Zügen unmöglich sind. Unten liegen die Schienen, an der Seite laufen die Kabel für den elektrischen Strom.

Ganz ebenso wie die Tunnel wurden die unterirdischen Stationen hergestellt, nur daß man dazu einen viel größeren Schild, nämlich einen solchen von 6,₃ Meter Durchmesser, benutzte und die Wände mit weißen, glasierten Ziegeln bekleidete.

Bei weitem das schwierigste und bemerkenswerteste Stück Arbeit aber war der Bau der Haupt- und Endstation an der Bank von England im Mittelpunkt der City. Der Grund und Boden an diesem belebtesten Punkte der Riesenstadt ist unerschwinglich teuer. Anstatt also ein Grundstück zu erwerben, verfiel die Gesellschaft auf folgenden Gedanken. Der große Platz zwischen der Börse (Royal Exchange), dem Mansion House, der Amtswohnung des Lord Mayors, und der Bank von England ist der Brennpunkt des Geschäftsverkehrs der Londoner City, und wer das Leben dort an gewissen Stunden des Tages nicht gesehen hat, macht sich keinen Begriff davon.

Den Platz inmitten des Gewirres von einander kreuzenden Omnibuslinien, Droschken und Privatfuhrwerken zu überschreiten, galt seit lange als lebensgefährlich, und man hatte wiederholt beantragt, unterirdische Gänge anzulegen, damit das Publikum sicher von einer Seite des

Legen des Stahldachs der Hauptstation in der City.

Platzes zur anderen gelangen könne. Die Schwierigkeit und die Kosten hatten die Ausführung stets verhindert.

Diesen Umstand machte sich die Zentralbahngesellschaft zu nutze. Sie erklärte, sie wolle die unterirdischen Fußsteige bauen und sie kostenlos der Stadt übertragen, wenn ihr gestattet werde, mitten unter dem Platze ihre Station anzulegen. Dieser Vorschlag wurde angenommen, und die Ausführung gereicht beiden Teilen zur Befriedigung.

Aber leicht war die Ausführung nicht. Zwei Hindernisse gab es zu überwinden: die zahlreichen Wasser- und Abzugsröhren, Gasleitungen u. s. w., die dicht unter dem Pflaster in allen Richtungen den Boden durchziehen, mußten verlegt werden, und zwar durfte weder ihre Benutzung unterbrochen, noch der riesige Straßenverkehr erheblich gestört werden.

Beides gelang, und zwar auf folgende Weise. Man grub der Börse gegenüber einen kleinen Schacht aus und trieb dann einen schmalen Stollen dicht unter dem Pflaster hin, nur 1,10 Meter lang und 22 Centimeter breit. In diesen kleinen Stollen schob man ein dickes Brett ein, das fest gegen das Pflaster gekeilt wurde und diesem als Stütze diente. Nun konnte die zweite Schicht ausgehoben werden, und so ging man Schicht für Schicht weiter und tiefer, stützte das Pflaster durch Bretter und Holzbalken und unterhöhlte nach und nach den ganzen Platz, während droben die Wagen dahinrasselten, und die Menschen sich tummelten, ohne zu merken, was dicht unter ihren Füßen vorging.

Die zahlreichen Abzugskanäle, Wasserröhren und Gasleitungen umging man anfangs und stützte sie sorgfältig, bis man einen besonderen Gang gebaut hatte, in dem sie zusammengeleitet und um die Station herumgeführt werden konnten. Dann wurde die Station ebenfalls ausgehöhlt, und es handelte sich nun nur noch darum, an Stelle der die obere Decke stützenden Holzbretter die stählerne Bedachung treten zu lassen. Zu dem Zweck mußte notwendigerweise das Pflaster abgehoben werden, und eine kleine Verkehrsstörung war nicht zu umgehen. Doch gelang es, sie auf das möglichst geringe Maß zu beschränken. Man stellte immer nur ein kleines Stück des Stahldaches zur selben Zeit her, legte dann sofort das Pflaster wieder darüber und gab die Stelle dem Verkehr frei, während man die dicht daneben gelegene absperrte. Es dauerte drei Monate, bis das Stahlbach fertig war.

Man kann von allen Seiten zu dieser unterirdischen Hauptstation hinabgelangen, und zwar vermittelst der unterirdischen Fußsteige. Zwei Eingänge sind bei der Börse, zwei am Mansion House-Platz und Princes Street, einer bei Walbrook und der Ecke der Poultry. Die Stadt-Hauptstation hat natürlich nur Bureaus, Schalter, Warteräume, während die Wagenschuppen, Reparaturwerkstätten u. s. w., sowie die elektrische Kraftanlage sich über der Erde an der Endstation Shepherd's Bush befinden. Die kleinen unterirdischen Zwischenstationen liegen in Abständen von je 700 bis 800 Meter voneinander und heißen: Holland Park, Notting Hill Gate, Queens Road, Lancaster Gate, Marble Arch, Bond Street, Oxford Circus, Tottenham

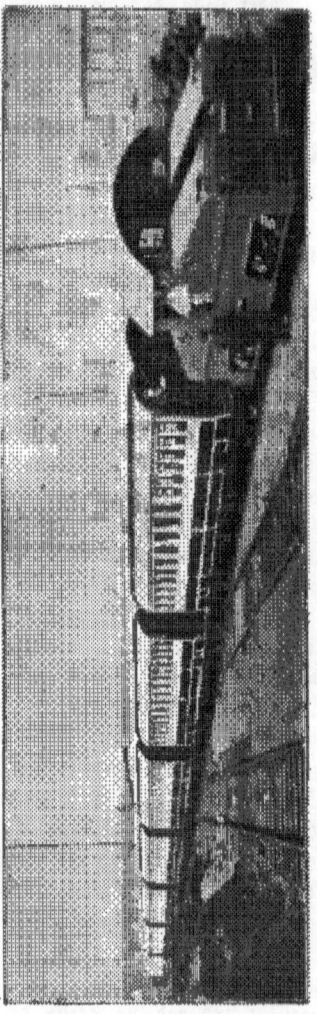

Vollständiger Zug der elektrischen Zentralbahn.

Court Road, British Museum, Chancery Lane und Generalpostamt.

Die elektrische Kraftanlage in Shepherd's Bush erzeugt einen Strom von 5000 Volt, der durch Kabel die Tunnel entlang geleitet wird. Da man aber einen Strom von solcher Stärke nicht direkt für die Bewegung der Züge gebrauchen kann, so sind an drei Stellen der Linie kleine elektrische Stationen eingerichtet, in denen durch besondere Maschinen der Strom in solchen von 500 Volt Spannung umgewandelt und der auf unserem Tunnelbild S. 156 deutlich sichtbaren Mittelschiene zugeleitet wird. Von dieser erhält ihn die elektrische Lokomotive während der Fahrt mittels eines Kontaktschuhes.

Die elektrischen Lokomotiven wiegen rund 45 Tonnen und haben vier Motoren, von denen aber drei zur Fortbewegung genügen, falls einer versagen sollte. Die Wagen sind nach dem amerikanischen Durchgangssystem gebaut und mit bequemen Polstersitzen versehen, die teils quer, teils langseits angeordnet sind. Jeder Wagen hat 48 Sitzplätze. Da eine Lokomotive sieben Wagen ziehen kann, so können gleichzeitig stets 336 Personen befördert werden. Die Fahrzeit von der Bank von England bis Shepherd's Bush beträgt 25 Minuten, das heißt genau die Hälfte der Zeit, die ein Omnibus für die gleiche Strecke braucht.

Da, wie schon erwähnt, zwei Tunnel vorhanden sind, einer für die Hinfahrt nach der City, der andere für die Rückfahrt, so können Zusammenstöße nicht vorkommen, und ein äußerst genaues Signalsystem sorgt dafür, daß auch ein Auflaufen zweier Züge derselben Linie unmöglich gemacht wird. Sollte etwa der Lokomotive ein Unfall begegnen und der Zug zwischen zwei Stationen stecken bleiben, so können die Passagiere aussteigen und auf dem ebenfalls auf unserem Tunnelbilde sichtbaren, zwischen den Schienen

Inneres eines Personenwagens der elektrischen Zentralbahn.

befindlichen Bretterstege leicht bis zur nächsten Station zu Fuß gelangen.

Die Londoner elektrische Zentralbahn ist also nicht nur das neueste, sondern auch eines der bequemsten und ohne Zweifel sichersten Beförderungsmittel. Da die Temperatur infolge der tiefen Lage der Tunnel fast das ganze Jahr hindurch äußerst gleichmäßig ist, nämlich etwa 16 Grad Celsius, so hat man auch noch die Annehmlichkeit, es im Sommer während der Fahrt herrlich kühl, im Winter hübsch warm zu finden, ein Vorzug, der sich auf oberirdischen Bahnen bisher bekanntlich nicht im entferntesten erreichen ließ, so daß auch in dieser Hinsicht die elektrische Tiefbahn alle anderen Verkehrsmittel schlägt.

Die Bewältigung des Verkehrs in den Geschäftsmittelpunkten der Weltstädte ist durch die bisherigen Mittel — oberirdische Straßenbahnen, Omnibus, Droschken — anerkanntermaßen nicht mehr zu erreichen. Die Hochbahnen machen sich durch ihr Geräusch den Bewohnern der Straßen, durch die sie führen, äußerst lästig. Es scheint daher, daß den Tiefbahnen, und zwar den elektrischen, die Aufgabe zufallen wird, diesen Uebelständen abzuhelfen.

Deutschlands Bollwerk in der Nordsee.

Ein Besuch auf Helgoland.   Von Hans Scharwerker.

Mit 9 Illustrationen.   (Nachdruck verboten.)

Ungefähr elf Jahre sind verflossen, seitdem ein Stück verlorener deutscher Erde, die kleine Nordseeinsel Helgoland, durch Vertrag mit England dem Deutschen Reiche wiedergegeben wurde. Am 10. August 1890 erschien Kaiser Wilhelm II. mit der Jacht „Hohenzollern" und dem Nordseegeschwader und nahm selbst Besitz von dem Eiland, das tags zuvor der englische Gouverneur verlassen hatte. Jubelnd erklang auf dem sturmumtosten Oberland das Lied: „Deutschland, Deutschland über alles", das Hoffmann von Fallersleben einst auf Helgoland gedichtet hatte, und die Kanonen der Kriegsschiffe gaben dazu ihren dröhnenden Salut ab. Jetzt bezeichnet ein Denkstein die Stelle, auf der die Besitzergreifung stattfand, die rote Klippe ist durch zweckentsprechende Befestigungen zu einem Vorwerk deutscher Macht in der Nordsee geworden, zu einem Stützpunkt unserer Flotte, zu einem Bollwerk gegen jeden Feind, der unsere Küsten blockieren will, und es ist

Die Insel Helgola

aus der Vogelschau.

nicht zu befürchten, daß uns die alte Friesenins el wieder entrissen werden könne, auf der mit uns einmal einen Besuch zu machen wir heute unsere Leser einladen.

Wenn man mit einem der zwischen Hamburg und Helgoland regelmäßig verkehrenden Dampfer die Elbe hinuntergefahren ist bis zu ihrer Mündung und dann von Kuxhaven aus nordwestlich ins Meer hinaussteuert, so kommt man alsbald an der Insel Neuwerk mit ihrem charakteristischen Leuchtturm, an der langgestreckten Sandbank Schaarhörn mit ihrer wunderlich geformten Baake und den letzten Feuerschiffen vorüber in offenes Wasser. Die niedrigen Gestade des Festlandes verschwinden, die graugelben Wogen der Nordsee umgeben rings das Schiff, als übler Gast stellt bei den meisten Fahrgästen die Seekrankheit sich ein, und sehnsüchtig schaut alles nach vorn, wo das Ziel, die Insel Helgoland, erscheinen muß. Von der Roten Klippe hat jedermann gehört, aber nicht in grellem roten Farbentone, wie auf den Ansichtspostkarten, sondern als graues, kleines, mauerähnliches Gebilde steigt endlich die Insel aus den Wassern empor. Rasch wächst sie in die Höhe und Breite, und wenn wir nahe genug herangekommen sind, wenn wohl gar von Westen her die Sonne sie bestrahlt, so ist allerdings der Eindruck, den sie auf den Beschauer macht, ebenso eigenartig als imponierend. Schon aus der Ferne trennt sich deutlich von dem hohen, steilen Südabfall des Oberlandes ein einzelner, mächtiger Felsen ab, der Mönch, der neben der Insel im Meere steht. Nun gewahren wir auch zur Rechten in einiger Entfernung von ihr einen schmalen Streifen, der immer mehr anwächst, bis wir die kleine Düne mit ihren niedrigen Sandhügeln und ihren Pavillons deutlich erkennen. Auch der Felsen liegt nun dicht vor dem Bug unseres Schiffes. Auf der geraden Südkante des Oberlandes unterscheiden wir die Häuser mit der Kirche, den

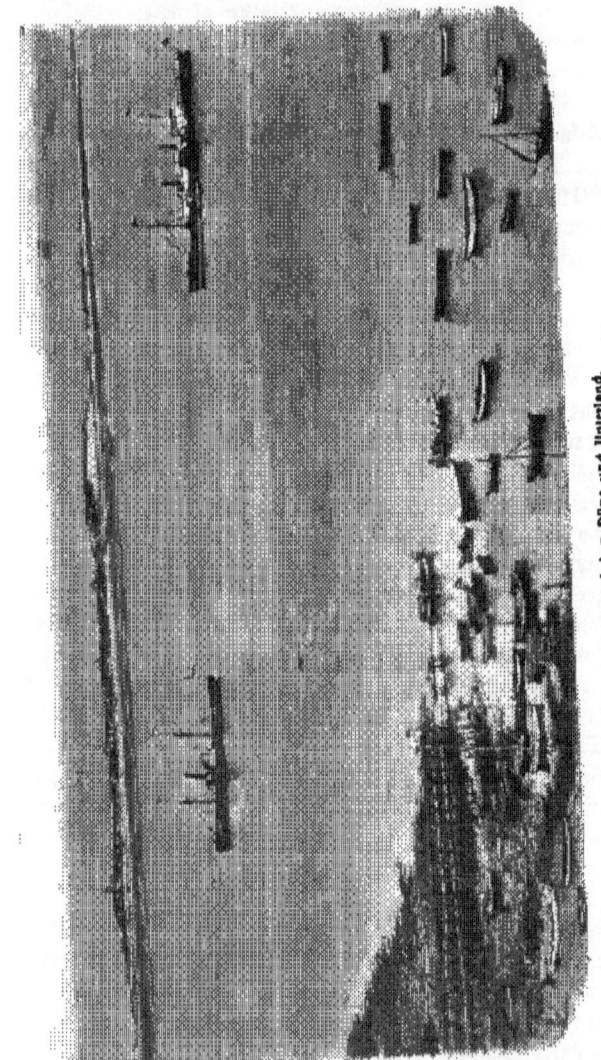

Die Reede zwischen Düne und Unterland.

runden Leuchtturm, ja sogar die Brüstung neben der Treppe und den Aufzug, die vom Unterland, einem breiten Vorstrand, zum Oberland hinaufführen. Die Farbe des Eilands, die aus der Ferne eintönig grau erschien, zeigt sich jetzt als ein lebhaftes Rotbraun, das von schräglaufenden hellen Streifen durchsetzt ist und zu dem der grüne Saum des Oberlandes und das helle Weiß der Düne einen anmutigen Gegensatz bilden. Und nun begreifen wir auch die Wahrheit des alten Spruches, der die Flagge von Helgoland folgendermaßen erklärt:

> Grün ist das Land,
> Rot ist die Kant,
> Weiß ist der Sand,
> Das sind die Farben von Helgoland.

Kaum ist das Schiff auf der Reede zwischen Unterland und Düne vor Anker gegangen, so naht sich schon eine Anzahl offener vierruderiger Boote, in denen die Passagiere ausgeschifft und zur Landungsbrücke gebracht werden. Wenn man festen Boden betritt, befindet man sich im Unterlande, dem kleinen sandigen, dicht mit Häusern besetzten Vorstrand. Rechts und links von der Landungsbrücke erheben sich zwei neue, schon durch ihre Größe vor den Wohnungen der Eingeborenen auffallende Bauten. Das eine ist die gut eingerichtete Bade- und Schwimmanstalt, das andere das neue Konversationshaus, der Mittelpunkt des Badelebens. Es enthält außer einigen Fremdenzimmern alle erforderlichen gemeinschaftlichen Räume, Musik-, Lese-, Billardzimmer, eine große Glasveranda nach dem Meere zu und einen schönen Ballsaal. Auch das neue Postgebäude befindet sich auf dem Unterlande, sowie das Theater, die Biologische Station zur Erforschung des Tier- und Pflanzenlebens der Nordsee, das Nordseemuseum (im alten Konversationshause), die Apotheke und zahlreiche Restaurants und Bäder. Die übrigen kleinen

Häuser der Helgoländer Schiffer und Fischer sind alle zur Aufnahme von Fremden eingerichtet, und man erblickt sogar in den Straßen und am Fuß des Oberlandes einzelne Bäume, Ulmen und Linden, die hier im Schutz der Felswand ein freilich etwas kümmerliches Dasein fristen.

Von der Landungsbrücke führt uns die Kaiserstraße gerade auf die große Treppe zu, welche den einzigen Aufgang zum Oberlande bildet; daneben ist noch ein mechanischer Fahrstuhl vorhanden, der bequeme Leute mühelos auf die Felsplatte des Oberlandes befördert. Wir steigen nun gemächlich die Treppe von 190 Stufen, auf deren mittlerem Absatz eine Bank zum Ausruhen steht, empor und gehen die Straße am Südoststrande der Klippe, den Falm, entlang bis zur Südspitze, dem Sathurn. Auf diesem Wege haben wir einen herrlichen Ausblick auf das Meer, die Insel und die durch einen 1200 Meter breiten Streifen blauen Wassers von ihr getrennte Düne. Tief drunten branden die Wogen am Fuße der fast senkrecht abstürzenden

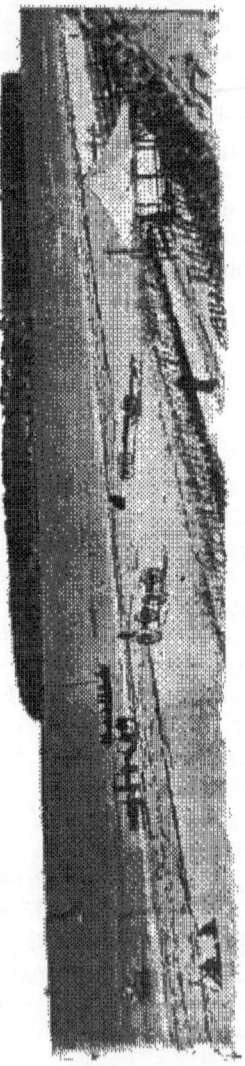

Blick auf Helgoland von der Düne aus.

Felsmauern, die im Westen 53 Meter Höhe erreichen und gegen Osten zu sich allmählich abdachen. Unmittelbar unter uns steht der Mönch, ein gewaltiger Felskegel, der an seinem Fuße mit dem Sathurn zusammengewachsen scheint. Bereits verwittert und angenagt, trotzt er doch noch machtvoll den Wogen.

Von hier an wendet sich die zerrissene Küste nach Nordwest, und wir wandern an ihrem Saum entlang. Die Länge Helgolands beträgt nur 1600 Meter, die Breite an der Südkante gar nur 500 Meter und nimmt nach der Nordspitze, dem Nathurn, zu beständig ab; der ganze Flächeninhalt erreicht noch nicht einen halben Quadratkilometer, und die Wanderung um die Insel ist daher nur ein Spaziergang. Vor dem Nathurn steht ein ähnlicher Felskegel wie der Mönch; er wird Hengst genannt, obwohl er mit einem solchen Tiere nicht die geringste Ähnlichkeit hat. Aber der Phantasie sind bekanntlich keine Schranken gesetzt.

An der Nordspitze umkehrend, gelangen wir an die stillere Ostseite der Insel. Auch hier stürzt die Rote Klippe jäh zum Meere ab, aber sie ist weniger zerrissen und ausgenagt, da ihr Fuß nur von schwacher Brandung bespült wird. Der fast ausschließlich herrschende Westwind treibt die Wellen gegen die andere Seite.

Schauen wir von der Nordostspitze zur Ebbezeit nach der Düne hinüber, so sehen wir eine Reihe niedriger schwarzer Klippen. Es sind die Reste stattlicher Felsen, welche vor noch nicht allzu langer Zeit die Düne, die mit der Insel zusammenhing, vor der Wut des Meeres schützten. Ein Teil davon, die Weiße Klippe, lieferte Gips, den die Helgoländer nach Hamburg verfrachteten. Dadurch wurde die Felswand an dieser Stelle allmählich so geschwächt, daß im Jahre 1711 eine schwere Sturmflut die Weiße Klippe durchbrach. Weitere Sturmfluten vollendeten

Treppe und Fahrstuhl zum Oberland.

die Zerstörung. Die Klippen sind nach und nach bis auf den Spiegel der Ebbe abgetragen, und die Düne ist ein selbständiges, stetig kleiner werdendes Eiland geworden. Noch im Jahre 1866 nahm sie sich ganz stattlich aus. Aber jede folgende Sturmflut riß mehr von ihr fort, bis sie auf ihre gegenwärtige Größe zusammengeschrumpft ist.

Zur Ebbezeit kann man auch unten am Fuß der Roten Klippe einen Rundgang um die Insel machen, da dann ein schmaler, von losgebröckelten Felstrümmern gebildeter Küstensaum freiliegt. Der Weg ist aber beschwerlich, auch wegen des von oben stetig drohenden Steinfalls nicht unbedenklich, und man sollte ihn nur in Begleitung eines Helgoländers unternehmen.

Doch wir befinden uns ja gegenwärtig noch auf dem Oberland. Schauen wir uns dort um, indem wir uns etwa in der Mitte desselben aufstellen, so sehen wir eine grüne, mit Gras, Klee, Gersten- und Kartoffeläckern bestandene Fläche. Die Ostecke nimmt der Ort mit der Kirche ein; südlich davon ragt der Leuchtturm empor. Sonst gewahrt man nur noch hie und da die Kuppel eines Panzerturms, neu aufgeführte Bauten des Festungswerkes, Kranen und Kanonen, Zäune, die diese Bezirke abschließen, und Tafeln, die vor dem Betreten des zur Festung Helgoland gehörigen Gebietes warnen. Der Spaziergang auf der berühmten Kartoffelallee, die von Süden nach Norden das Oberland durchzieht, wird übrigens durch die militärischen Anlagen so wenig gehindert, als das Betreten der Aussichtspunkte an der Kante. Die Stadt auf dem Oberland hat etwa 380 Häuser, die auf dem Unterland 140.

Dieses ewig von den Wogen und Winden der Nordsee umbrauste Stückchen Erde bewohnen gegen 2100 Menschen, kerndeutsche Angehörige des kräftigen, wetterharten friesischen Volksstammes. Die Helgoländer sprechen friesisch miteinander, aber die Sprache von Schule und Kirche ist deutsch und ist es auch unter der seit dem Jahre 1807 bestandenen englischen Herrschaft geblieben.

Als mutige Schiffer, Fischer und Lotsen suchen die Männer ihresgleichen. Es sind hohe, kräftige Gestalten, mit gebräunten Gesichtern und scharf ausgemeißelten Zügen; ihr Wesen ist äußerst wortkarg und ruhig, erst im Augenblick der Gefahr lernt man sie recht kennen und schätzen. Der stetige Aufenthalt in der frischen Seeluft und der Kampf mit den Elementen hat ihre Nerven und Muskeln gestählt, ihre Thatkraft entwickelt. Wenn man sie so halbe und ganze Tage lang unthätig droben an der Brüstung des Falms lehnen, ihre kurzen Pfeifen rauchen, aufs Meer hinausschauen und in langen Pausen ein paar Worte wechseln sieht, so ahnt man nicht, was in ihnen steckt. Erst wenn es auf den Fischfang hinausgeht, ein Schiff um einen Lotsen signalisiert oder gar in Sturm und Wetter nach Hilfe verlangt, wenn dann alles zu den Booten eilt, und an Stelle träger Ruhe die anstrengendste Thätigkeit tritt, bei der nicht nur alle Kräfte

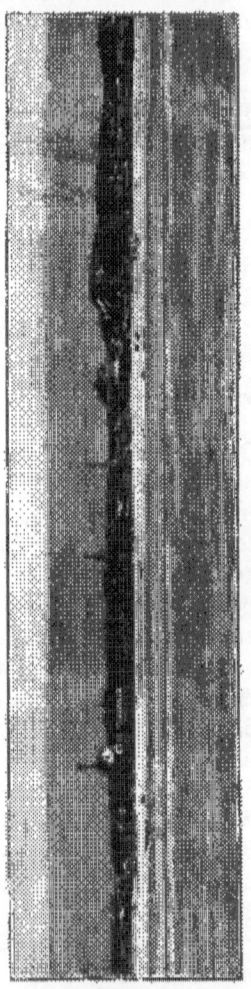

Die Helgoländer Düne im Jahre 1800.

angespannt, sondern oft genug auch Leib und Leben gewagt werden, dann zeigt sich der Helgoländer von seiner Glanzseite.

Die Frauen, obwohl anmutig und oft hübsch, sind gegenüber den Männern auffallend klein und zart. Auch altern sie früh. Alle Haus- und Feldarbeit, dazu das Stricken und Ausbessern der Netze, das Herausschaffen des Fanges aus den Booten u. s. w. ruht auf ihnen. Sobald der Helgoländer seinen Fuß auf den Boden setzt, rührt er nichts mehr an, die Frauen müssen alles machen. Daher sind sie stark überarbeitet und verbrauchen sich früh.

Helgoland ist aber nicht nur seit 1890 ein starkes maritimes Bollwerk, ein Meeresfort, und eine Schiffer- und Lotseninsel, sondern vor allem eines der herrlichsten und besuchtesten deutschen Seebäder, von so ausgesprochener Eigenart wie kein anderes. 56 Kilometer von dem nächsten Punkte Schleswigs (Eiderstedt) und 58 Kilometer von Kuxhaven entfernt, wird es von allen Seiten von der reinsten Seeluft umspült, und schwüle Landwinde, wie sie auf Sylt, Norderney oder Borkum öfters wehen, kennt man dort nicht. Der Wind mag kommen, woher er will, es mag stilles oder stürmisches, sonniges oder bedecktes Wetter, trocken oder regnerisch sein — stets ist man von reinster, bazillenfreier, etwas scharfer Luft umspült, und dieses stetige Luftbad ist ohne Zweifel eines der anregendsten und wirksamsten Kur- und Kräftigungsmittel für den abgehetzten oder verhockten Städter, der sich zur Erholung auf ein paar Wochen nach Helgoland flüchtet. Für stark angegriffene Konstitutionen, die Seebäder gar nicht vertragen, ist es allein genügend, eine lebhafte Anregung des Stoffwechsels und eine Umstimmung der Lebensthätigkeit im günstigen Sinne zu bewirken.

Die Seebäder werden bei gutem Wetter auf der Düne, bei schlechtem, wenn die Ueberfahrt nicht möglich ist, im

Der Mönch.

neuen Badehause auf dem Unterland genommen. — Diese tägliche Dünenfahrt ist für manche Leute eine Unannehmlichkeit, für die meisten ein eigenartiger Reiz des Helgoländer Badelebens mehr. Die sicheren, 14 bis 15 Personen fassenden Fährboote, von den Einheimischen gerudert, bringen die Gäste in 10 bis 50 Minuten — je nach dem Wetter — zum Badestrand auf der Düne. Auch eine Dampfbarkasse ist jetzt vorhanden. Nach dem Bade erfrischt man sich im Frühstückspavillon, lagert in der Sonne im warmen weißen Sande, promeniert und kehrt nach Belieben wieder zurück. Die Badeeinrichtungen sind vortrefflich, sie sind aber auch die Haupteinnahmequelle der Einwohner Helgolands, und das Entsetzen war nicht gering, als Sturmfluten vor einigen Jahren an der Düne die schwersten Verwüstungen anrichteten und den nahen Untergang dieses kleinen und doch so kostbaren Sandstreifens als nahe bevorstehend erscheinen ließen.

Diese Befürchtungen waren glücklicherweise übertrieben. Die preußische Regierung griff sofort mit Energie ein. Sie verwendete die bis dahin bei den Festungsbauten beschäftigten Arbeiter dazu, den Schaden nach Möglichkeit auszubessern und neuem durch Errichtung künstlicher Dünenhügel an Stelle der weggeschwemmten und Anlegung von Schutzbauten vorzubeugen. Es wurden nämlich von der Düne aus weit ins Meer Buhnen gebaut, bestehend aus Reisigbündeln, die durch Draht miteinander verbunden und mit Steinen beschwert sind. Zwischen ihnen fängt sich der vom Winde verwehte und von den Wellen herangespülte Sand, der dann durch Anpflanzung von Strandgräsern und Dünenpflanzen befestigt wird. So ist seither die Düne zur größten Freude der Helgoländer schon wieder etwas gewachsen, und die Schutzbauten haben sich auch gegenüber der jüngsten großen Sturmflut im Winter 1901 bewährt.

Den größten Teil des Tages bringen die Badegäste, auch jene, die im Oberland wohnen, im Unterland im neuen Konversationshaus, in den sonstigen Restaurants oder am Strande zu. Man plaudert, hört der Kurmusik zu, schaut nach den Segelbooten oder vorüberfahrenden Schiffen, macht selbst im Segelboot einen Ausflug aufs Meer oder eine Rundfahrt um die Insel — kurz, schlägt seine Zeit im wesentlichen auf dieselbe Weise tot wie in

Auf dem Oberland.

anderen Seebädern auch. Wenn aber ein Passagier= dampfer naht, dann strömt alles zur Landungsbrücke und bildet Spalier. Durch diese „Lästerallee" müssen die neu= anlangenden, zum Teil von der Seekrankheit noch deut= liche Spuren in Gesicht und Haltung aufweisenden Be= sucher passieren, und es fallen rechts und links allerlei spöttische Bemerkungen, die von den armen Opfern meist stumm und resigniert ertragen werden. Am nächsten Tage sieht man letztere dann schon, angethan mit der weißen Helgoländer Mütze, als zünftige Badegäste ebenfalls an der Landungsbrücke stehen und für die erlittene Pein Rache an den diesmal anlangenden Unglücklichen nehmen.

Gegen Abend versammeln sich die Naturschwärmer auf dem Oberland an der roten Kant, um den Sonnenuntergang zu betrachten, der stets ein interessantes, oft ein unbeschreiblich schönes und erhabenes Schauspiel ist. Welche Farben, welche Lichtwirkungen, keinem Pinsel erreichbar, entwickeln sich da! Und dazu als einzige Musik das Rau-

Westküste bei Flut.

schen und Donnern der Brandung drunten am Fuß der Klippen und das Sausen des ewig wehenden Windes. Man kann sich hier an einsamer Stelle, im Anblick des bis zum weiten Horizonte reichenden Meeres und der tiefen, von Menschenlauten nicht gestörten Stille, auf eine weltenferne Insel versetzt wähnen, und die tiefe Ruhe dieses Bildes teilt sich auch dem Gemüt des nervösen, sorgengeplagten Städters mit und läßt ihn für kurze Zeit aufatmen vom Druck aller der Kulturplagen, die die moderne Zeit in immer rascherer Folge auf uns häuft.

Die Zahl der Besucher steigt denn auch von Jahr zu Jahr. Ein Modebad zwar wird Helgoland — glücklicherweise — nie werden, dazu fehlt unter anderen Vorbedingungen der Raum für alle die Veranstaltungen, die in Modebädern zum Vergnügen der gelangweilten Reichen getroffen sind; aber ein desto köstlicherer Ort für müde Menschen ist es und wird es bleiben noch auf lange Zeit hinaus. Wohl haben Gelehrte berechnet, daß die Rote Klippe nur noch etwa 600 Jahre dem Andrang der Wogen standhalten wird, aber das genügt ja zunächst, und der Gedanke an die Vergänglichkeit der eigenartigen Nordseeinsel wird daher keinem der dort Weilenden den Genuß der Gegenwart trüben.

Viele prophetisch veranlagte Leute fürchteten von dem Uebergang Helgolands in deutschen Besitz allerlei Nachteile, besonders eine Beeinträchtigung des Seebades durch den Bau der Festungswerke. Das Gegenteil ist eingetreten. Die Insel hat in jeder Beziehung durch die Fürsorge der preußischen Regierung gewonnen, und der Fremde findet jetzt dort geordnetere Verhältnisse, mehr

Die Helgoländer Düne nach der Sturmflut vom 23. Dezember 1904.

Bequemlichkeit und bessere Einrichtungen als je vorher. Und wenn einmal wieder Deutschland mit einer fremden Macht einen Existenzkampf auszufechten haben wird, dann wird sich hoffentlich auch zeigen, daß die kleine Insel als Bollwerk in der Nordsee den auf ihre Erwerbung und Erhaltung verwendeten Preis wert ist.

Erwacht.

Novelle von Otto Behrend.

(Nachdruck verboten.)

"Du hast mich ja heute wirklich geküßt, Max."

"Ja gewiß. Darf ich das denn etwa nicht?" Leutnant Gronich lächelte, seinen blonden Schnurrbart drehend, und sah seine kleine Braut schelmisch an. "Wir sind doch verlobt, dächte ich."

"Ja, Max, und bei den Proben jetzt habe ich ja auch nichts dagegen, da sieht es ja nur der Onkel Major, und da schäme ich mich nicht — wenigstens nicht so sehr," versetzte Ella Hellinghaus. "Aber bei den großen Proben und der Aufführung vor den vielen Menschen darfst du es nicht thun."

"Ich bitte dich, Kind, warum denn nicht? Jeder weiß doch, daß wir verlobt sind und daß wir uns daher auch küssen. Und je natürlicher wir spielen, desto besser werden wir gefallen, und mein Kurmärker wird unübertrefflich sein, wenn ich weiß, daß mir zum Schlusse ein herzlicher Kuß der niedlichen kleinen Picarde winkt." Er zog das Mädchen an sich, nahm ihr braunes Köpfchen in beide Hände, bog es bedächtig ein wenig hintenüber und drückte ihr einen heißen Kuß auf die frischen roten Lippen.

Mit rascher Bewegung entzog sie sich dem Geliebten, ihre Wangen waren erglüht, bittend blickten ihn die dunklen Kinderaugen an.

„Du bist doch noch ein rechtes Kind, wirklich ein rechtes Kind, Ella."

„Bitte, achtzehn Jahre," sagte sie.

„Und doch das reine Kind." Er wollte sie wieder an sich ziehen.

„Nein, Max," sie wehrte ab, „wir wollen jetzt hinübergehen."

Und da ließ er sich denn von ihr zu Onkel und Tante hinüberführen.

Im „Vereinigten Kasino", der ersten Gesellschaft der Stadt, war ein Theater- und Konzertabend in Vorbereitung. Man hatte auch den allen, aber stets seines Erfolges sicheren Einakter „Kurmärker und Picarde" auf das Programm gesetzt. Die Wahl für den Kurmärker konnte auf niemand anders fallen als auf den Leutnant Gronich, einen stattlichen, männlich schönen Offizier, der viel Talent für die edle Schauspielkunst besaß.

Aber die Picarde hatte anfangs Schwierigkeiten verursacht, bis sich auch hier ein guter Ausweg ergab. Major Hellinghaus lud seine Nichte Ella, die seit etwa einem Vierteljahre mit dem Leutnant Gronich verlobt war, zu Besuch ein. Abgesehen davon, daß die zierliche Figur und die brünette Erscheinung des jungen Mädchens für die niedliche französische Bäuerin Marie durchaus geeignet waren, bewies Ella Hellinghaus auch nach den ersten schüchternen Versuchen, daß sie der ihr anzuvertrauenden Rolle gewachsen sei. Liebe ist eine gute Lehrmeisterin; das Talent des Geliebten riß sie fort, und ihre herzige Naivetät ließ sie sich vorzüglich in die Rolle einleben.

Ihr Onkel, der Major, leitete selbst als Regisseur zunächst die Proben in seiner Wohnung, und es ist am Ende nur erklärlich, daß die Verlobten möglichst oft Proben zu haben wünschten. Nachher war dann immer gemütliches Beisammensein für den Abend im Familienkreise. Onkel und Tante waren sehr nett, und wenn sie den künftigen Neffen mit ernsterem Gespräch in Beschlag nahmen, konnte Ella, selbst noch ein halbes Kind, nach Herzenslust mit ihren Cousinen, zwei Backfischchen, und Vetter Gustav, dem Tertianer, lachen und scherzen. Sie war glücklich in ihrer jungen Liebe, die für sie allerdings vorerst mehr eine geahnte, als eine wirklich voll empfundene Glückseligkeit in sich barg. Sie besaß noch ihre ganze, reine Kindlichkeit, an eine baldige Vermählung dachte man deshalb auch noch nicht. Sie hatte noch kein klares Empfinden für das, was sie zu dem Manne hinzog, dem sie ihr Jawort gegeben, für die sie unbewußt fesselnde Harmonie der Seelen; und für seine Küsse war sie noch ohne Verständnis. Sie küßte nicht einmal besonders gern, und lieb war es ihr, wenn er sie dazu stürmisch an sich zog. Dann konnte sie doch nicht anders, und ihr leichtes Widerstreben ward dann erklärlich; sie empfand auch, daß er damit keineswegs unzufrieden sei, und bisweilen schauspielerte sie dann mehr, als gerade nötig sein mochte. Jedes echte Weib ist ja etwas Schauspielerin und lernt schnell in der Liebe und durch die Liebe.

Innerlich begann sie so aus der Kindlichkeit, die sie äußerlich noch völlig beherrschte, allmählich herauszuwachsen. — —

„Ja, Ella, ich sehe wirklich nicht ein, warum Max dich nicht küssen soll," pflichtete der Major dem Bräutigam bei, als das Gespräch auf diesen Gegenstand kam. Auch die Tante war gleicher Ansicht. Ella sah leicht errötend auf den Tisch nieder und schüttelte den Kopf.

„Na, das gehört doch dazu," meinte Vetter Gustav, „stell dich doch nicht so an, Ella."

„Was verstehst denn du davon, dummer Junge," sagte der Major lächelnd.

Der Tertianer nahm eine sehr selbstbewußte Miene an, während seine beiden Schwestern zugleich ausriefen: „Er hat ja auch schon eine Flamme, Li —"

„Wenn ihr es sagt, kriegt ihr Haue," fiel ihnen der Bruder ins Wort.

„Wir haben noch lange keine Angst vor dir!"

„Ruhe!" gebot der Major. — „Ella, ich muß wirklich sagen, daß du ruhig den Kuß geben kannst."

Die kleine Braut hatte unter dem Tisch die Hand ihres Verlobten gefaßt; es war ihm, als bitte sie in leichtem Drucke um seine Hilfe.

„Wir wollen Ella nicht quälen," nahm er daher das Wort, „wenn sie es nicht gern will, so werde ich den Kuß nur markieren."

„Schade!" sprach der Major.

„Laß sie nur," meinte jetzt auch die Tante, ihrem Mann zuzwinkernd, „wir wollen sie nicht zwingen." —

Die nächste Probe nach einigen Tagen verlief zur Zufriedenheit des die Regie führenden Onkels, das Stück saß nun gut im Kopf, auch mit allem Aeußerlichen der Scenen waren die Spieler allmählich vollkommen vertraut geworden, und so konnten sie sich ganz in den Geist ihrer Rollen vertiefen. Lebhaft und flott ging die Sache, namentlich zum Schluß, und als der märkische Landwehrmann zum Abschied die kleine Picarde durch die Luft schwang, da gab er ihr doch wieder einen herzhaften Kuß.

„Bravo!" rief der Major von seinem Regieplatze aus, nachdem er einen Augenblick seine Nichte scharf beobachtet hatte und sah, daß sie lächelte, sichtbarlich nicht böse über

dieses auf ihren Wunsch doch eigentlich vom Programm
gestrichene Vorkommnis.

„Ella ist doch vernünftig geworden," meinte er nach=
her zu seiner Frau, „sie hat sich heute ohne Widerspruch
küssen lassen. Na, es wäre auch sonderbar, wenn's an=
ders wäre bei so einem Kerl wie dem Gronich, und
wenn der nicht, wie er will, ein Mädel zum Küssen
bringen könnte. Es freut mich übrigens, denn sie werden
so bei ihrem reizenden Spiel viel eher Beifall ernten." —

Wenn der Major meinte, daß seine Nichte vernünftig
geworden sei, so traf er damit nicht ganz das Rechte. Mit
der Vernunft hatte ihre zufriedene Hinnahme des Kusses
ganz und gar nichts zu thun. Die Sache war, daß ihr
der nach dem Vorangegangenen gänzlich unvermutete Kuß
behagt hatte. Er war so weich, so süß gewesen, es hatte
sie so eigen dabei durchschauert, daß sie in ihrer kindlichen
Unschuld gar nicht daran hatte denken können, verschämt
oder gar böse über die Ueberrumpelung zu sein. „Ich
bin doch seine Braut, und alle Menschen wissen doch, daß
wir uns küssen" — so dachte sie, aber erst eine Weile
später. Und das war allerdings ein vernünftiger Gedanke,
der indessen nicht der Grund für ihr Benehmen bei der
Probe gewesen war, wie ihr Onkel meinte, sondern nur
eine Folge, um sich gewissermaßen vor sich selbst zu recht=
fertigen, daß sie nicht hatte böse werden können.

Es blieb also bei dem Kusse auch in der ersten Probe
vor dem größeren Kreise der gesamten Mitwirkenden des
Theater= und Konzertabends auf der Bühne im Saale des
Gasthofs zum weißen Fallen, wo das „Vereinigte Kasino"
seine Vergnügungen abhielt.

Während dann eine musikalische Clownscene probiert
wurde, stand das Brautpaar in einer Fensternische.

„Nun, Ella, war es denn wirklich so schrecklich vor
einem größeren Publikum?" fragte der Verlobte.

„Nein, ich habe an die vielen Menschen gar nicht gedacht, beim ganzen Spiel nicht ein einziges Mal."

„Das ist gerade das Rechte. Dem Schauspieler muß sein, als säßen lauter Kohlköpfe im Saal."

Die kleine Braut lachte, ohne diesen Gedanken aber weiter zu folgen. „Du küssest aber auch so süß, Max," sagte sie und blickte in leichter Verwirrung zu dem Geliebten auf.

„Na, wenn wir Leutnants das nicht könnten!" er warf sich scherzhaft in die Brust.

„Ja, hast du denn das gelernt?" fragte Ella lächelnd; doch in einem plötzlich auftauchenden Vermuten setzte sie ernster hinzu: „Hast du denn schon andere geküßt?"

„Nu natürlich, glaubst du, mein Kirschenmäulchen, ich könnte es sonst so gut?" sagte er übermütig.

Sie aber ging nicht auf seinen Ton ein. „Ich meine andere — nicht deine Eltern und Geschwister."

Er bemerkte nicht den seltsamen Blick ihrer Augen, mit dem sie plötzlich an ihm hing. „Aber natürlich," entgegnete er noch immer neckisch.

„Wirklich? — Nein, du willst mich nur zum besten haben, Max."

Jetzt wurde er aufmerksam, betroffen durch den Ausdruck in ihrer Stimme. Es lag so volles kindliches Vertrauen in der Ungläubigkeit gegen seine Worte und doch ein leiser Verdacht.

„Lassen wir das, Ella," sprach er ruhig, um abzulenken.

Doch das junge Ding ließ sich nicht abweisen. „Hast du wirklich schon andere geküßt, Max?"

„Aber Mäuschen, wie magst du nur so fragen."

„Ich möchte es wissen, Max. Du hast es mir eben ja schon selbst gesagt, aber es klang so — ich konnte nicht recht klug daraus werden."

„Ella, sieh mal die Clowns, der Malte ist wirklich großartig." Der junge Offizier machte einen Schritt vom Fenster in den Saal.

„Max, sage mir es doch," sie trat ganz dicht neben ihn.

„Nein, Kind, später."

„O bitte, bitte."

„Na, denn ja! Aber nun sei zufrieden." Er sprach es kurz, fast unfreundlich.

„Wirklich?" Sie schlug plötzlich die Augen nieder und wurde bleich. Ganz still stand sie da.

Er legte leicht den Arm um ihre Schultern. „Komm, Liebling."

„Wen hast du denn geküßt?" fragte sie, noch immer unbeweglich vor sich hin sehend.

„Weiß ich's? Ich habe es längst vergessen, seit ich dich zum erstenmal gesehen, dich, meinen einzigen Gedanken seitdem, mein ganzes Glück für alle Zeit."

Er zog sie wieder in die Nische. Sie ließ es geschehen, machte sich aber dort in sanftem, doch energischem Widerstreben von ihm frei.

„Hast du schon viele geküßt?" Ihr dunkles Auge richtete sich ihm aus bleichem Gesicht groß entgegen.

„Ella, sei doch nicht so thöricht."

„Ich muß es wissen," sie stampfte leicht mit dem Fuße auf.

„Genug davon," entgegnete er jetzt mit der gleichen Bestimmtheit, mit der sie die letzten Worte gesprochen hatte.

Sie erkannte seine Entschlossenheit, aber mit dem scharfen Instinkte des Weibes wußte sie auch, wo ihre Macht lag.

„O bitte, bitte, sage es mir," begann sie zu schmeicheln und legte ihr Köpfchen an seine Schulter, ihm ganz dicht ins Auge schauend, so daß ihm alles zu verschwimmen anfing. „Hast du schon viele geküßt?"

Er war überwunden. „Nicht mehr als andere — eher weniger."

„Wen denn?"

„Ich weiß es nicht mehr, ich sagte es dir schon."

„Deine Cousine Marie?"

„Nein."

„Vielleicht Fräulein Libby, die Gouvernante deiner kleinen Schwester?"

„Nein."

„Wen denn aber, Max? — Doch nicht euer Zimmermädchen?"

„Nein, bewahre. Aber nun sei zufrieden."

„Immer nein. So nenne mir doch nur eine, nur eine einzige, Max."

Er atmete tief auf. „Weil du es denn durchaus willst — also — eine Blumenverkäuferin."

„Und die hast du wirklich geküßt?"

„Ja."

„Und die hast du heiraten wollen?"

„Nein doch!" Unwillkürlich huschte ein flüchtiges Lächeln über seine, gelinde Verzweiflung ausdrückenden Mienen.

„Du lachst, Max. Warum lachst du?"

„Weil du ein dummes kleines Schäfchen bist."

„Weshalb? — Also die Verkäuferin hast du geküßt und hast sie doch nicht heiraten wollen?" Sie überlegte einen Augenblick. „Sie hat es aber gewiß gemeint."

„Nein."

„Was hat sie sich denn aber dabei gedacht?"

„Ella, mach mich nicht wahnsinnig, frage nicht mehr! Du sollst ja alles wissen, ich bin nie schlecht gewesen, habe nie ein Unrecht begangen, das muß dir für jetzt genügen, ich kann dir frei ins Auge sehen. Später, wenn du einmal meine süße kleine Frau bist, dann will ich dir alles sagen."

Er wollte sie an sich ziehen, geschützt durch den faltigen Vorhang. Aber sie widerstrebte ihm mit aller Kraft.

„Ella!" sprach er verwundert und ließ sie los.

„Laß mich!"

„Was soll das?" fragte er streng.

„Du sollst mich nicht mehr anrühren, du hast schon andere vor mir geküßt, und die eine war eine Verkäuferin, und die hast du betrogen, du hast sie nicht geheiratet, wahrscheinlich weil — weil mein Onkel dein Major ist. Aber ich werde zu ihr gehen und ihr sagen, daß — O mein Gott, daß ich — so — unglücklich werden mußte! Wie wird Mama das ertragen, meine arme, unglückliche Mama!"

Zwischen den Fingern ihrer Hände, die sie vors Gesicht preßte, quollen dicke Thränen hervor.

„Ella — Kind, sei doch vernünftig!"

„Geh weg, laß mich, oder ich schreie!"

Er zuckte mit ärgerlicher Miene die Achseln. „Ella, nimm doch Vernunft an," sprach er in ruhigem, doch festem Tone, „ich gehe jetzt in den Saal, folge mir bald."

Sie zog sich so weit wie möglich von ihm zurück. Er ging in den Saal.

Glücklicherweise hatte niemand auf das Brautpaar geachtet, da die überaus lustige Probe der Clowns die ganze Aufmerksamkeit in Anspruch nahm.

Nach einer ganzen Weile erst kam auch Ella Hellinghaus aus der Fensternische zum Vorschein. Sie war bleich und hielt die Augen gesenkt. Was ihr fehle, wurde sie gefragt. — Ihr sei nicht gut, sie habe Kopfschmerzen. — Gewiß von der Erregung bei der ersten öffentlichen Probe. — Ja. — Sie wollte nach Hause. Ihr Verlobter machte sich bereit, sie zu begleiten, sie meinte aber, er solle nur bleiben, sie könne mit der Tante allein gehen.

„Ella — Kind!" bat er.

„Laß mich." Sie setzte einen ganz hübschen Trotzkopf auf. Er war nicht der Mann, sich das bieten zu lassen.

„So geh," sprach er. Doch sanfter fügte er hinzu: „Sei verständig, Kind."

„Das hast du wohl allen gesagt, wenn du nichts mehr von ihnen wissen wolltest?"

Er biß sich auf die Lippen und sagte nichts mehr. Höflich half er den Damen in die Mäntel und begleitete sie bis an die Thür des Gasthofes. Ella mußte einen Händedruck zu vermeiden.

Zu Hause angekommen ging sie sofort in ihr Zimmer, schloß sich ein und weinte sich zunächst herzbrechend aus. Sie war betrogen, verraten, in die Hände eines herzlosen Verführers, eines Ungeheuers geraten. Wie sollte sie das ertragen! Sie mußte sich von dem Verräter lossagen, sie mußte, und wenn auch ihr Herz bräche — und brechen würde es, das fühlte sie zu gewiß. Sie sah sich schon im Sarge liegen, im weißen Brautkleide, den Myrtenkranz im Haar, den Schleier über den bleichen Zügen. Gestorben an gebrochenem Herzen, würden die Leute sagen. Ein Gefühl stiller Selbstbewunderung hob ihre Brust. Und er, der Treulose, würde dabeistehen und — ja, was würde er thun? — Sich totschießen? Nein, das durfte er nicht. Sie verscheuchte den Gedanken, sie wollte kein Mitleid mit ihm aufkommen lassen, sie wollte auch nicht in einem Grabe mit ihm ruhen. Nein, das würde er auch gar nicht thun, er würde wieder andere küssen, wie vordem, ohne sie zu heiraten, aber manchmal würde doch die bleiche Gestalt seiner unglücklichen Braut ihm im Traume erscheinen, und das würde seine Strafe sein.

Noch einmal weinte sie sich herzhaft aus im Gedanken an ihre Mutter, an den Vater, die kleinen Geschwister; und dann, als der Thränen genug waren, die natürliche Ruhe nach dem reichlichen Ergusse eintrat, gewann das Gefühl des Heroismus in ihr die Oberhand. Es sollte sich nichts ändern, sie wollte freundlich, aber kalt gegen Max sein und so ruhig das unausbleibliche Ende, den Bruch ihres armen, töblich getroffenen Herzens erwarten. Aber küssen durfte er sie nie wieder, niemals, auch nicht, wenn er an ihrem Sterbebette kniete und unter heißen Thränen bitter bereute. Und sie würde auch verzeihen, aber erst ganz zuletzt; sie durfte die Großmut ihrer Seele doch nicht verleugnen.

So auf den Tod vorbereitet, aber in der angenehmen Lage, daß sie nicht nötig hatte, ihm, der ja ganz von selbst kommen mußte, irgendwie entgegenzugehen, zeigte sie sich abends wieder im Familienkreise. Leutnant Gronich war nicht zugegen. Ihr seltsames, gemessenes Wesen schob man zunächst noch auf die Kopfschmerzen von der Probe her.

Vom nächsten Tage an aber mußte jeder merken, daß zwischen den beiden Brautleuten nicht alles in Ordnung sei. Sie verkehrten zu steif und förmlich miteinander.

„Max," hatte die kleine Braut gesagt, als er anderen Vormittags kam, um sich nach ihrem Befinden zu erkundigen, „du hast mich zu tief verletzt, als daß ich dir jemals verzeihen könnte, aber ich will nicht treulos sein wie du gegen mich. Ich harre treu bei dir aus, bis" — nein, er durfte nichts von ihrem nahen Tode ahnen, er mußte völlig davon überrascht werden — „bis, na, das wirst du ja sehen. Also ich bleibe deine Braut, und du kannst mir auch die Hand geben, aber küssen darfst du mich nie, nie wieder!"

Wie sie ihn dabei jetzt groß ansah, damit er ihre unerschütterliche Festigkeit auch begreife, und zugleich wirklich die volle Größe der Entsagung empfinde, und während sie meinte, sie müsse ihm ganz schreckliche Verzweiflung ansehen, da schien es ihr im Gegenteil, als husche ein kaum verstecktes Lächeln über sein hübsches Gesicht.

Empörend! — Ja, sie glaubte es wohl, daß er schon viele, viele geküßt hatte. Dem da, diesem entsetzlichen Manne, mußte es ja ein leichtes sein, zu betören, sie fühlte es so klar in sich selbst und empfand auch, daß sie fest stehen müsse wie eine Heldin, um seinen Ränken nicht aufs neue zu verfallen. „Nie darfst du mich wieder küssen, nie," wiederholte sie nochmals mit Entschiedenheit.

Er verbeugte sich artig wie vor einer Königin, der abscheuliche Mensch! O, sie hätte ihm die Ohren, den ganzen Schnurrbart ausreißen mögen.

Der Major nahm den Leutnant beiseite und fragte, was zwischen ihm und Ella vorgefallen sei. Eine kleine Verstimmung, durch Ellas allzu kindliches Wesen hervorgerufen, versetzte Max. Näheres wolle er nicht sagen, es sei aber alles auf dem besten Wege, und in kurzer Zeit würde die kleine Verstimmung sich heben.

Als die Tante ihrerseits Ella vornahm, bekam sie nur ein großartiges: „Frage mich nicht, Tante, wir Frauen sind ja bestimmt zu dulden," als Antwort und fühlte sich völlig beruhigt.

Bei den wenigen noch folgenden Proben spielte Ella schlecht, zerstreut, und der Kuß beim Fallen des Vorhanges wurde nur markiert. Man fürchtete mit Recht, das Stück würde ins Wasser fallen, und manches wurde über ein Zerwürfnis zwischen den Verlobten getuschelt. Mütter, die heiratsfähige Töchter hatten, machten sich schon wieder Hoffnungen, die Leutnant Gronich durch seine Verlobung mit dem dummen Gänschen, das noch nicht trocken hinter den Ohren sei, seiner Zeit hatte zu nichte werden lassen.

Wenn Max aber gemeint hatte, Ella würde bald zur Vernunft kommen, so war dies ein Irrtum gewesen. Er unterschätzte die Empfindungen einer reinen Unschuld, der zum erstenmal etwas aus dem wirklichen, meist so häßlichen Leben nahetritt; er unterschätzte auch das harte Köpfchen seiner Braut, das kennen zu lernen er bisher keine Gelegenheit gehabt hatte. Im Gefühle seiner eigenen Schuldlosigkeit aber wurde er allmählich ernstlich verstimmt, und da er sich als Mann unwürdig behandelt sah, stieg in ihm sogar bisweilen ein Gefühl der Erbitterung gegen seine Braut auf. Andererseits begann er auch zu fürchten. Sollte wirklich eine ernsthafte Erschütterung ihrer Liebe zu ihm eingetreten sein?

Die Verhältnisse gestalteten sich recht unerquicklich. Ella wurde die Triumphierende, denn sie behauptete ihre Stellung. Daß eigentlich ihr Herz brechen sollte, vergaß sie mehr und mehr. Max war lässig, zerfahren, zog mißmutig neben ihr her. Onkel, Tante und wer sonst ein Recht hatte oder sich eines herausnahm, offen oder versteckt zu fragen, wurde mit allgemeinen Redensarten abgespeist.

Der Tag der Aufführung war da. Dicht gedrängt saß das „Vereinigte Kasino" im großen Saale des „Weißen Falken". Die ersten Nummern waren vorüber, jetzt sollte nach einer kurzen Pause „Kurmärker und Picarde" folgen. Wer die letzten Proben gesehen hatte, war auf ein Fiasko gefaßt.

Noch einmal mahnte der Major, ihm als Regisseur keine Unehre zu machen.

Ella zuckte die Achseln. „Ich kann nichts dafür," sprach sie.

„An mir soll's nicht fehlen," sagte Max, aber es klang nicht gerade zuversichtlich.

Der Major ging, nachdem er noch einmal ermahnt hatte.

Das Brautpaar stand allein hinter dem herabgelassenen Vorhang, Max als stattlicher Landwehrmann vom Jahre 1815. Er war ganz das Bild eines martialischen Kriegers. Ella sah reizend aus in der kleidsamen Tracht der Picardie, im kurzen, etwas mehr als fußfreien Röckchen, wie ein zierliches Nippesfigürchen.

Max heftete einen langen Blick auf sie. O, wie drängte es ihn, sie zu ergreifen und im heißen, innigen Versöhnungskusse fest an seine Brust zu pressen. Sie mochte so etwas ahnen, sie blickte ein wenig scheu von der Seite. War sie sicher vor ihm, vor ihm, der schon so viele geküßt hatte?

„Ella," sagte er hastig, „Versöhnung! Wenn ich in deinen Augen ein Unrecht begangen habe, ich bitte dir es ab." Er streckte ihr die Hand hin.

Es klang so ehrlich, so treuherzig, aber sie schwieg und regte sich nicht.

„Ella, sei doch vernünftig."

„Das bin ich auch. Sehr, sehr vernünftig." Sie hob den Kopf, die Augen ihm entgegen.

Sie sah entzückend aus.

„Mach mich nicht rasend, Ella, oder ich —"

Da erschallte die Klingel, beide eilten in die Kulissen; scheu drückte Ella sich von ihm weg, sie fürchtete sich plötzlich; aber er ging gelassen, ohne sie weiter anzusehen, hinter die Mitte, von wo er auftreten mußte.

Das zweite Klingelzeichen — der Vorhang rollte in die Höhe. Gleich darauf trat die kleine Picarde aus der Thür des Bauernhauses auf den Hof. Tiefe Stille empfing die liebliche Erscheinung, dann vereinzeltes Klatschen, das sich aber schnell wieder verlor.

Einen Augenblick würgte es Ella am Halse, sie meinte kein Wort hervorbringen zu können. Nicht Lampenfieber war es, nein, ein unwillkürliches Gefühl von Angst, was kommen würde, wessen sie sich von dem Manne zu gewärtigen hätte. „Mach mich nicht rasend, oder ich —" es tönte ihr noch immer in den Ohren, und seine Augen hatten dabei so schrecklich geblitzt. Ob er im stande war, ihr etwas anzuthun mit dem Gewehr, dem scharfen Bajonett?

In wirklicher Angst sprach sie so die ersten Worte ihrer Rolle, daß sie ganz allein auf dem Hofe sei und sich so fürchte, weil die Preußen in der Nähe sein sollten. Sie sprach so natürlich aus ihrem innersten Gefühl heraus, und wie schrak sie nun zusammen, als braußen heftig ein Kolben aufgestoßen wurde, und der laute Ruf einer markigen Männerstimme erklang: „Heda, Wirtshaus!" Ihr Spiel war so natürlich, denn sie spielte ja nur ganz sich selbst.

„Ah, ce sont des Prussiens — so melden sie sich immer an," ihre Stimme zitterte.

Und da war er, der stattliche märkische Landwehrmann.

Und das Paar begann sein Spiel, Max mit vollkommener Zuversicht, Ella immer geleitet von ihren eigenen, innersten Empfindungen. Wie natürlich gelang ihr die Darstellung der Furcht, die allmählich, als sie sah, daß ihr Partner nur seine Rolle spielte, in Schüchternheit, in zunehmendes Vertrauen, in schalkhafte Koketterie überging. Sie spielte so ungezwungen wie die routinierteste Naive, atemlos schaute und lauschte alles.

Und wie allerliebst, als sie dann ihren heimischen Tanz zeigte, und wie sie darauf wieder im neu erwachenden Mißtrauen zurückwich, als der „Prussien" sie umfassen wollte, um mit ihr den deutschen Walzer zu tanzen. Sie fürchtete irgend etwas Schreckliches, sie wollte fliehen, doch er erwischte sie gewandt, und es geschah nichts Schreckliches, kaum berührte er sie, wie er sich leicht mit ihr im Walzertakt drehte. „Warum faßt er mich nur nicht fester," dachte sie, „ich kann so ja gar nicht ordentlich tanzen." Sie tanzte unter seiner kaum fühlbaren Führung in Wirklichkeit ausgezeichnet, doch sie hätte sich so gern etwas fester umfaßt gefühlt. Warum war er so kalt? Sie hatte einen Augenblick ganz vergessen, daß er doch nur nach ihrem Willen handelte.

Wirklich hingerissen stand sie dann, als Max: „O Tannenbaum" sang, das alte, schlichte, herzliche Lied. Seine schöne Baritonstimme nahm sie völlig gefangen.

Das Stück ging zu Ende, der Generalmarsch wurde geschlagen. Dann kam der Abschied beider, die sich so schnell befreundet hatten. Ella spielte vortrefflich, sie empfand wirklich den Abschiedsschmerz, es kam ihr wie eine Ahnung, daß jetzt der Augenblick der Entscheidung da sei. Ja, ja, Max würde von ihr scheiden auf ewig, sie fühlte, sie wußte es, er hatte nur noch so lange gewartet, um die Aufführung nicht zu verderben.

Und wirklich, als er ihr die Hand schüttelte und die Abschiedsworte gesprochen hatte, da fügte er leise, nur ihr hörbar hinzu: „Auf ewig lebe wohl!" Sie sah nicht das Lächeln, das seine Lippen umspielte, alles verschwamm ihr vor den thränenüberflorten Augen. Noch eine Minute Spiel, dann durfte sie zusammensinken, kaum hielt sie sich noch aufrecht, die widersprechendsten Gefühle durchbrausten sie, und nur eines gellte klar aus allen heraus: „Ich liebe ihn, ich kann ihn nicht lassen."

Hoch schwang der Landwehrmann in kräftigen Armen die kleine Picarde zum wehen Abschied. „Küsse mich, Max," flüsterte sie im gleichen Augenblick, als sie an seine Brust gepreßt auch schon seinen Mund auf ihren ihm sich bietenden Lippen fühlte.

Schnell fiel der Vorhang. Donnernder Applaus brach los. Der Vorhang ging wieder auf, abermals schwang der Kurmärker die liebliche Picarde — wieder ein Kuß bei fallendem Vorhang, ein Kuß, der nicht enden wollte auf einsamer Scene, während draußen immer und immer wieder rasender Beifall erschallte.

Und wieder hob sich der Vorhang. Wie aus Stein gehauen, ein echter Soldat, stand der stattliche Landwehrmann, den rechten Arm um die Schulter der entzückenden Picarde gelegt, seine linke Hand in ihrer rechten. Unbeweglich standen sie, keine Wimper zuckte, während ihnen innerlich alles wirbelte und brauste — ein herrliches lebendes Bild.

Dann fiel er zum letztenmal. Die Verlobten blickten sich an, tief Auge in Auge. Ella glühte wie im Fieber.

„Max —"

„Ich habe heute zum erstenmal geküßt, Ella — nie, nie bisher einen solchen Kuß."

Seine Stimme zitterte gewaltsam.

Sie warf sich an seine Brust, unter heißen Thränen zuckten in ihr alle Glieder; sie war nicht mehr das Kind, nein, ein junges, erwachendes Weib, das da begreift, was es heißt — lieben.

Im Reiche der Süssigkeiten.

Ein technisches Kapitel von Ernst Montanus.

Mit 6 Illustrationen.   (Nachdruck verboten.)

Unter den Schokolade- und Zuckerwarenfabriken Deutschlands, ja man darf wohl sagen aller Länder steht die Stollwerck'sche in Köln am Rhein mit in vorderster Reihe. Ein Gang durch die Arbeitsstätten dieser berühmten Firma in der rheinischen Metropole, an dem wir die Leser im Geiste sich zu beteiligen einladen, wird uns eine Vorstellung davon geben, wie jene hundert und tausend Süßigkeiten und leckeren Dinge erzeugt werden, die aber durchaus nicht alle bloße Näschereien sind, sondern von denen ein großer Teil zugleich sehr wertvolle nährende und die Gesundheit fördernde Stoffe darbietet.

Ueber die Entstehung und Entwickelung jenes Riesenetablissements sei vorausgeschickt, daß der Begründer Franz Stollwerck (geb. 1815 zu Köln) Ende der dreißiger Jahre eine kleine Fabrik zur Herstellung von Bonbons und haltbaren Backwerken gründete, von deren Erzeugnissen sich zuerst die Stollwerck'schen Brustbonbons einen rühmlichen Ruf erwarben, den sie bis heute bewahrt haben. Stollwerck sandte seine Söhne, nachdem sie bei ihm gründliche fachtechnische Ausbildung erfahren hatten, in die Welt hinaus, um überall Neues und Gediegenes für ihren Beruf zu erkunden und zu erlernen. Nachdem sie heimgekehrt waren, wurde 1866 die inzwischen neugebaute und für Dampfbetrieb eingerichtete Fabrik eröffnet, die sich nun bald auch räumlich so ausdehnte, daß schon 1870

Kakaozerkleinerungsmaschine

durch Erweiterungsbauten das im Stadtinneren gelegene Gelände derselben an der Hohestraße und Sternengasse völlig bedeckt und ausgenützt war. Die Söhne errichteten daher im Süden Kölns unter der jetzigen Firma Gebrüder Stollwerck eine eigene Fabrik, welche in erster Linie die Herstellung der zahlreichen Neuheiten betrieb, auf die im elterlichen Hause wegen Raummangels verzichtet werden mußte. Beide Firmen arbeiteten Hand in Hand, bis nach dem 1876 erfolgten Tode des Vaters und nach Fertigstellung der erforderlichen Neubauten der Gesamtbetrieb auf dem im Süden der Stadt gelegenen Grundstück vereinigt wurde, wo er schon 1883 ein ganzes Häuserviertel ausfüllte. Nachdem die Gebrüder Stollwerck zuerst eine eigene Maschinenfabrik zur Herstellung von Maschinen für die Großproduktion errichtet hatten, schufen sie auch eine gesonderte, ausschließlich fürs Ausland arbeitende Exportfabrik, die neben der Inlandsfabrik erbaut wurde, da Ende der achtziger Jahre die deutsche Regierung durch Rückvergütung des Kakaozolles und der Zuckersteuer für alle nach dem Ausland gehenden Erzeugnisse dem Export freiere Bahn geschaffen hatte. Außerdem wurden in Wien, Amsterdam, Brüssel, London, New York und Chicago Zweiggeschäfte, sowie in Preßburg eine Zweigfabrik eingerichtet.

Die Stollwerck'sche Fabrik, die in der Gesammtheit ihrer Arbeitsstätten über 2000 Menschen beschäftigt, ist gegenwärtig unbestritten die größte ihrer Art in Deutschland und wird auch wohl von keiner ausländischen Konkurrenzfabrik bezüglich der räumlichen Ausdehnung und vielseitigen Produktionsmenge übertroffen. Schon deswegen dürfte eine einigermaßen eingehende Schilderung der Hauptzweige dieses großartigen Unternehmens auch für weitere Kreise wohl nicht ohne Interesse sein.

Wir beginnen mit der Schokolade, die ja zuerst den Weltruf der Firma begründet hat. Bekanntlich ist Schokolade ein Gemisch von Kakao und Zucker mit oder ohne Zusatz von Gewürz oder Arzneistoffen, das größtenteils in Tafelform in den Handel gebracht wird und nach dem Zerreiben zu Pulver mit Wasser oder Milch gekocht ein wohlschmeckendes und nahrhaftes Getränk liefert. Die Schokoladenfabrikation, für die in Deutschland Dresden, Berlin und Köln die Hauptplätze sind, wie in Oesterreich das nördliche Böhmen (auch die Schweiz ist nennenswert), umfaßt eine ganze Reihe von Prozessen, unter denen die Zurichtung des Kakaos obenan steht.

Man führt uns auf unserem Rundgange zunächst in die riesigen Lagerräume, wo Tausende von Ballen mit den rohen Kakaobohnen lagern. Die großen, braunen, bohnenartigen Samen des Kakaobaumes stammen aus verschiedenen Tropenländern, wie Venezuela, das hinsichtlich des Aromas die feinsten liefert, Kolumbien, Surinam, Ceylon, Java, Trinidad, Cuba und Ecuador. Geschulte Arbeiter lesen

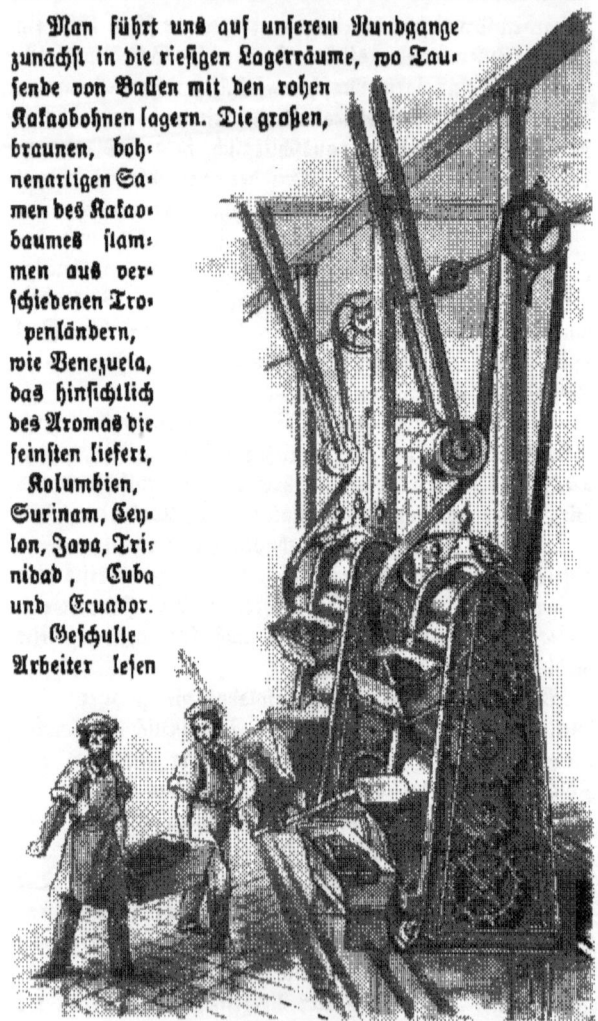

Schokoladenwerk.

die Kakaobohnen aus und sortieren sie nach ihrer Güte, worauf sie in große Apparate gelangen, um bei langsamem Umdrehen ähnlich wie die Kaffeebohnen durch Dampf geröstet zu werden. Diese Maschinen sind eine patentierte Erfindung der Fabrikinhaber; die Röstung erfolgt in ihnen ganz gleichmäßig bis ins Innerste jeder Bohne, wobei ein Anbrennen ganz unmöglich ist.

Nach dem Erkalten kommen die gerösteten Kakaobohnen in die Zerkleinerungsmaschinen und hierauf in die Entschälmaschinen, wo die Schalen völlig abgesondert werden. Die Kakaokerne werden sodann in große und kleine sortiert. Nach abermaliger Auslese und Zusammensetzung nach Geschmack und Aroma, wonach sich die verschiedenen Qualitäten ergeben, wandern die Kerne in die Kakaomühlen. Sind die Bohnen zu Pulverform zermahlen, dann kommt der Teil davon, welcher zur Herstellung von Schokolade dienen soll, in die Mischmaschinen, wo er mit gleichfalls gepulvertem Zucker vermengt wird. Es sind riesige Apparate, welche 300 Kilogramm auf einmal aufnehmen können. In derselben Weise erfolgt nötigenfalls auch der Zusatz von Arzneistoffen und Gewürzen.

Die auf solche Weise entstandene Schokolademasse wird nun auf die aus mächtigen Granitwalzen bestehenden Walzwerke gebracht, um ganz fein gerieben zu werden. Sie passiert sogar drei solcher Walzwerke hintereinander, von denen eins immer enger wie das vorhergehende gestellt ist, denn von der möglichst feinen Zerreibung des Materials hängt wesentlich der Geschmack und die Verdaulichkeit der Schokolade ab. Nach dem Durchlaufen des letzten Walzenstuhles schüttet man die Masse in große verzinnte Behälter, um sie darin in dem Wärmekeller, wo eine gleichmäßige hohe Temperatur herrscht, einige Tage ruhen zu lassen.

Die weitere Verarbeitung geht im Formraum vor sich. Hier wird die Masse auf der Entlüftungsmaschine von der eingeschlossenen Luft befreit, damit die daraus hergestellten

Schokoladenformmaschine.

Tafeln blasenfrei ausfallen. Sie wird durch eine unter dem Fülltrichter angebrachte rotierende Schnecke zusammengepreßt, so daß die Luft entweicht. Aus der seitlichen

Oeffnung schiebt sich die Masse stangenförmig heraus, um auf der Formmaschine sofort in Stücke geteilt zu werden, deren Größe den Tafeln entspricht. Diese Teile werden in noch weichem Zustand in flache Blechkästen gestrichen, die man auf die Klopf- oder Rütteltische stellt. Mittels eines Mechanismus bewegen sich deren Platten unaufhörlich rasch auf und nieder, so daß die Kästchen darauf klappernd umhertanzen. Infolgedessen rüttelt sich die darin befindliche Masse zusammen und legt sich dicht an die glatten Blechwände, wodurch die in den Handel kommenden Tafeln ihre Glätte erhalten.

Die gefüllten Formen gelangen in einen gegen 30 Meter langen Kühlapparat, durch den sie in langsamer Bewegung hindurchgeführt werden, bis sie ihn nach Verlauf von drei bis vier Stunden völlig erkaltet als fertige Schokoladentafeln am anderen Ende verlassen. Dieser nehmen sich, wiederum in einem anderen Saale, geschickte weibliche Hände an, um die Tafeln, die in der Formmaschine auch gleich ihre Stempelung erhalten haben, in die für die verschiedenen Sorten bestimmten Umhüllungen aus Stanniol und Papier zu verpacken.

Der Kakao, welcher als Pulver verschickt, und als ein treffliches, gesundes Getränk allgemein geschätzt wird, macht zunächst dieselben Prozesse, bis zur Walzung einschließlich, durch wie die Schokolade. Dann wird die Masse durch heißes Auspressen zum Teil von ihrem Fett befreit, wozu man sich hydraulischer Pressen bedient, bei denen das Gemenge in mittels Dampf geheizten Preßtöpfen zusammengedrückt wird. Das hierbei gewonnene Fett gießt man in Blöcke und stellt so die Kakaobutter her, die bei der Schokoladenfabrikation selbst in großer Menge zur Herstellung von sogenannter Couvertüremasse, sowie von billigen Schokoladensorten verwendet wird. Im übrigen dient sie zur Anfertigung von feineren parfümierten Seifen (Kakao-

seifen) und ferner wegen ihrer Eigenschaft, erst nach
langer Zeit ranzig zu werden, zur Fabrikation von Salben
und Suppositorien. Die in den Preßtöpfen zurückbleiben-
den Kuchen dagegen werden gestampft und wiederum zu
Pulver zermahlen, worauf sie als entöltes Kakaopulver

Bonbonsfabrikation

in den Handel gelangen. — Nachdem
wir mit dem Kakao und der Schokolade
fertig sind, wollen wir auch in die
Bonbonsfabrik einen Blick werfen, in welcher gleichfalls
die mannigfaltigsten Maschinen und Geräte, bedient von
Hunderten fleißiger Arbeiter und Arbeiterinnen, in Thätigkeit sind.

Besonders interessant ist die Herstellung der feineren
Bonbons, der Dessert- und Schokoladenbonbons, von
denen jedes Stück in seiner Art ein kleines technisches
Kunstwerk darstellt. Der Laie muß staunen, wie sinnreich

die verschiedenen Manipulationen erdacht sind, und wie kunstvoll alles ineinander greift. Zuckerköche, Fruchtsaftbereiter, Modelleure und Maler sind hier beschäftigt, um unter Mitwirkung von Feuer und Kälte, unter Benutzung zahlreicher physikalischer und chemischer Operationen in ihren verschiedenen Arbeitsstätten, in Verdunstungs- und Krystallisationsräumen jene eleganten Süßigkeiten zu erzeugen, die dann in Hunderttausenden völlig gleicher Exemplare durch die ganze Welt gehen. In allen Einzelheiten ist die Bereitung gleich sorgfältig und sauber, und wahrhaft erstaunlich ist die durch lange Uebung erlangte Sicherheit und Geschwindigkeit, mit der alle Arbeiten verrichtet werden.

Man zeigt uns die Herstellung der Fondants, der Likörbonbons, der Frucht-, Dessert- und Zierbonbons und wie die Arten alle heißen; sehr beliebt sind auch die Brauselimonabebonbons, die in der heißen Zeit einen außerordentlich erfrischenden Trank liefern. Besonders kunstvoll ist die Verfertigungsweise der Schokoladenbonbons mit ihren verschiedenen „Mänteln" von Schokolade um einen Fondant- oder Likörkrystallkern. Wir verfolgen das Schnüren der Knall- und Zierbonbons, die Fabrikation der Gummibonbons und der sogenannten Kieselsteine aus Zucker. Die Pfefferminzkuchelchen werden von Maschinen wie Geldmünzen geprägt. Weiterhin sehen wir die verschiedenen Arten von Morsellen, der Zuckerwaren mit Honigzusatz, und die sogenannten englischen Fruchtbonbons und Drops entstehen, auch eine große Waffelbäckerei ist in regem Betrieb.

Behufs der Herstellung von Karamelbonbons werden gewaltige Mengen Zucker in durch Dampf erhitzten Apparaten gelöst und fertig gekocht, um dann die verschiedenen Würzen zugesetzt zu erhalten. Zum Erkalten gießt man die Masse auf großen Marmorplatten aus; modellierte

Walzen geben ihr die verschiedenen Formen, und zuletzt gelangen die fertigen Bonbons in einen großen Lagerraum, wo das Verpacken in Gläser und Blechbüchsen für den Versand stattfindet. Die sogenannten Seidenbonbons mit ihren verschiedenartigen Füllungen erhalten

Biskuitverpackung.

durch eine besondere Behandlung das Aussehen, als ob sie mit prächtig schimmerndem Atlas umsponnen wären.

Ein ganzes Stockwerk nimmt der Biskuitraum ein, wo in großen Mischmaschinen das zentnerweise herangebrachte Mehl mit den erforderlichen Ingredienzien, Milch, Eier, Butter und Geschmacksgewürzen, vermengt wird. Der Teig wird auf Walzenstühlen ausgewalzt und gelangt dann in die Formmaschinen, welche die einzelnen Stücke selbstthätig auf Backbleche setzen. Diese werden in einen riesigen Backofen geschoben, den sie mittels eines Kettengetriebes langsam passieren, um am jenseitigen Ende fertig gebacken herauszukommen. Von den Backblechen kommen die Biskuits in große Rohrkörbe; gleich nach dem Erkalten findet ihre Verpackung statt.

Früchteaufbereitung.

Auch bei der Herstellung der gebrannten Mandeln schauen wir noch zu, um dann in die ausgedehnten Kellergewölbe hinabzusteigen, wo die Bereitung der Früchtekonserven sich vollzieht. Von weißgekleideten Köchen werden hier in glänzenden Kupferkesseln mit Dampfröhrensystemen die Früchte verarbeitet, je nachdem die verschiedenen Sorten im Laufe von Sommer und Herbst reifen und in Wagenladungen herangebracht werden. Man macht sie entweder als ganze Früchte in Gläsern, Büchsen und Töpfen ein oder verkocht sie zu Gelees und Marmelade, ebenso werden gewaltige Quantitäten in Form von Fruchtsäften konserviert, um für die verschiedenen gefüllten Bonbons und Fruchtbeßerte den Hauptstoff abzugeben.

Verschiedene Fabrikationszweige sind in vorstehender Uebersicht ganz unberührt geblieben; das Gesagte wird ja bereits genügen, um von der Großartigkeit und Reichhaltigkeit des Betriebes eine annähernde Vorstellung zu verschaffen. Zum Schluß sei nur noch kurz erwähnt, daß die Fabrik auch eine eigene Holzschneiderei und Kistenfabrik eingerichtet hat, worin die zahllosen Verpackungen für den täglichen Bedarf hergestellt werden; ferner ist eine Kartonnagefabrik mit den neuesten Maschinen zur Herstellung zierlicher Schächtelchen und reizender Bonbonnieren, eine eigene Klempnerei und Dosenfabrik und eine trefflich eingerichtete Druckerei für die Herstellung der Etiketten, Plakate u. s. w. vorhanden. Sämtliche Fabrikräume sind durch Dampf heizbar, durch Ventilationsmaschinen gelüftet und elektrisch beleuchtet.

Rühmend sei endlich noch der Fürsorge für das leibliche und geistige Wohl der Angestellten gedacht. Die Firma hat für eine größere Anzahl von Beamten und Arbeitern in gutgelegenen Häusern Wohnungen von je zwei bis vier Zimmern eingerichtet. Ausgedehnte Erholungsräume stehen allen Angestellten zur Verfügung, ebenso eine Speiseanstalt, die gegen billiges Entgelt vollständigen Mittags- und Abendtisch, sowie Erfrischungen liefert. Ferner genügende Badeeinrichtungen, eine reichhaltige Bibliothek mit Lesezimmer, einem Billard- und einem Vortragssaal.

Bei der Besichtigung dieser Riesenfabrik erhält man den Eindruck, daß darin für die ganze Welt gearbeitet wird, in staunenswertem Umfange und mit der höchsten Vervollkommnung, welche die fortgeschrittene Technik unserer Zeit ermöglicht.

Mannigfaltiges.

Ein Blick hinter die Kulissen eines Pariser Heirats-Bureaus. — Alfons Leroy war vierundzwanzig Jahre alt und wohlbestallter Comptoirist in einem Pariser Lebergeschäft. Glänzend war sein Gehalt ja gerade nicht, aber er konnte davon leben, und im übrigen wartete er auf eine Chance, die, wie er hoffte, der Himmel ihm bescheren würde: auf ein glückliches Lotterielos, einen unerhörten Gewinn beim Rennen, eine Erbschaft oder — eine reiche Heirat.

Kürzlich hatte ihm sein Freund Felix Renaud im Café zugeraunt: „Ich weiß nicht, Alfons, warum du nicht einmal bei der Mutter Rénouard in der Rue de la Rambuteau anklopfst. Du wärst der rechte Mann dazu, dein Glück dort zu versuchen. Du bist jung, unternehmungslustig, ein hübscher und fixer Kerl —"

Das letztere Wort hatte eingeschlagen. Alfons drehte die Spitzen seines kleinen dunkelblonden Schnurrbarts und betrachtete sich wohlgefällig im Spiegel.

„Aber Felix," sagte er, „warum benutzest du da nicht selber die Adresse? Sollte es nicht wieder auf einen Schwindel hinauslaufen? Diese Heiratscomptoirs und Vermittelungsagenten —"

Felix lächelte und deutete auf seine wohlentwickelte Glatze. „Für mich ist in dieser Richtung nichts mehr zu hoffen, seit ich den leidigen Haarschwund habe. Aber die Rénouard soll gut sein, sie hat großartige Verbindungen und zeigt fortwährend Mitgiften von 200,000 bis 500,000 Franken und mehr an. Es muß etwas daran sein, sie würde sonst nicht in allen Blättern annoncieren. Du kennst doch den kleinen Gewürzkrämer Michon in unserer Straße? Man sagt mir, er habe bei der Rénouard eine nette junge Witwe geangelt mit 100,000 Franken bar."

Die Freunde trennten sich; aber Alfons konnte in der Nacht kaum schlafen, und am nächsten Abend schlich er um die Rue de Rambuteau herum und rekognoszierte das Terrain. Eine reiche Heirat ist doch das bequemste Mittel, um rasch emporzukommen. Den ironischen Blick und das sardonische Lächeln des „Freundes" hatte Alfons, der nicht der Hellste war, nicht verstanden, und am nächsten Montag, da er seinen Ausgehtag hatte, klingelte er richtig bei der Mutter Rénouard, natürlich in der Dämmerstunde. Die Kunden und Kundinnen der Mutter Rénouard kommen alle in den Abendstunden.

Ein würdiger alter Diener erscheint und weist den Besucher in den Wartesalon für Herren. Eine Viertelstunde vergeht, endlich läutet eine silberhelle kleine Glocke. Der Diener erscheint wieder und führt Alfons in ein Gemach, in dem ein mattes Halbdunkel herrscht. Eine weißhaarige Dame mit vornehm sein sollenden Allüren sitzt an einem pultartigen Tische, der viele Fächer hat.

„Mein Herr — Sie wünschen?"

Alfons stammelt etwas von wenig Gelegenheit und geringer Bekanntschaft, er möchte sich einen eigenen Herd gründen und —

Ein leises, kaum wahrnehmbares Lächeln huscht über das wohlwollende Antlitz der Mutter Rénouard. Sie geht als praktische Frau sofort auf das Ziel los.

„Wieviel Mitgift wünschen Sie etwa?"

Alfons murmelt etwas von 150,000 Franken.

„Damit kann ich im Augenblick nicht dienen, aber 200,000 — das giebt es. Eine Waise allerdings, sehr hübsch und einfach, ohne Anhang."

Der Angelhaken sitzt. „O Madame," stottert der Bewerber, „das ist es ja gerade —"

Madame unterbricht ihn. „Sie kennen die Bedingungen?"

Nein, Alfons ist noch nie in einem solchen Institut gewesen.

„Nun, zehn Franken Konsultationsgebühren, das ist alles." Alfons opfert bereitwillig das Goldstück auf dem Altar der Hoffnung.

„Nächsten Montag, mein Herr, hoffe ich Sie wiederzusehen. Ich werde Ihnen dann das Fräulein vorstellen."

* * *

Die Woche vergeht so langsam, wenn man den Kopf voll von Erwartungen und Plänen hat! Der Sonntag, sonst der langersehnte Ruhetag für unseren Alfons, ist diesmal unausstehlich. Endlich ist Montag abend da, sechs Uhr, die verabredete Zeit. Alfons klingelt und wird in den Salon geführt. Wieder eine, diesmal tödlich lange Viertelstunde. Der würdige alte Diener erscheint endlich.

„Frau Rénouard ist heute nicht zu sprechen; aber es ist alles bereit. Haben Sie schon für den heutigen Tag die Gebühr gezahlt?"

„Für heute? Nein! Das vorige Mal —"

Der Diener sieht ihn ein ganz klein wenig höhnisch an. „Jede Sitzung hat ihre Gebühr. Darf ich bitten, mein Herr?"

Er überreichte ihm eine gestempelte Quittung, und Alfons holt seufzend das übliche Goldstück hervor.

„So," meint der Alte gravitätisch, „ich führe Sie jetzt in den intimen Salon. Sie werden dort bald ein Ausguckfensterchen finden und von ihm aus, selber ungesehen, das Fräulein beobachten können."

Alfons steht einen Augenblick später in einem fein dekorierten Zimmer. Die Möbel sehen zwar alle etwas nach dem Trödel aus, aber in seiner Aufregung merkt er nichts davon. Er befindet sich gerade vor dem wichtigsten Moment seines Lebens. Noch wenige Minuten, und sie wird sich ihm präsentieren, seine zukünftige Lebensgenossin. Wird sie seinen Wünschen entsprechen? Ein häßliches oder gleichgültiges Gesicht? Nein, das könnte er nicht ertragen, auch für 200,000 Franken nicht!

Die nächste Minute wird die Antwort auf alle diese Fragen bringen. Gespannter Erwartung voll preßt er sein Gesicht gegen die Scheibe des Ausguckfensterchens.

Jetzt — sie erscheint in einem etwas tiefer gelegenen, matt rosa beleuchteten Zimmer, schwarz gekleidet und einfach, eine hohe, schlanke Gestalt, die doch der Fülle nicht entbehrt. Kein Schmuck ziert sie, nur eine dunkelrote Rose prangt an der Stelle einer Brosche. Sie wendet ihm ihr Profil zu. Wie reizend ist sie! Ein bezaubernd schönes Mädchen! Langsam durchmißt sie mehrmals das Gemach, dann verschwindet sie.

Alfons! Mensch! Was hast du für ein Glück! Er stößt einen tiefen Seufzer der Sehnsucht aus — da erscheint auch schon der alte würdige Diener.

„Sie haben gesehen, mein Herr — was kann ich der Madame Rénouard berichten?"

„Ich bin entzückt — eine herrliche Erscheinung und ein liebliches Gesicht — meinen heißen Dank!"

Der Diener räuspert sich respektvoll. „Heute in acht Tagen," bemerkt er, „ist die Gegenprobe. Versäumen Sie nicht, sich rechtzeitig, noch etwas vor sechs Uhr, einzufinden."

„Die Gegenprobe — wie soll ich das verstehen?" fragt der unschuldige Alfons.

„Aber natürlich — am nächsten Montag werden Sie dort unten auf und ab schreiten, und das Fräulein wird Sie von hier aus beobachten. Wenn Sie dem Fräulein gefallen, bann ist alles in Ordnung."

Alfons hört etwas verwirrt diese Auseinandersetzung an und empfiehlt sich. Was für ein Glück ihm doch blüht! Natürlich wird er keine Sekunde zu spät kommen.

Er geht ins Café, wo ihn Felix lauernd beobachtet und von ungefähr fragt: „Na, warst du schon bei der Rénouard? Du bist so nachdenklich heute und lächelst so heimlich, du Schwerenöter! Gewiß, es geht mit dir etwas vor, du siehst so schwärmerisch aus."

„Ach, Spaß!" erwidert Alfons und holt tief Atem. „Ich dachte eben an ganz etwas anderes. Nein, bei der Rénouard war ich noch nicht, aber nächstens, es eilt ja nicht."

Felix läßt ihn grinsend stehen. —

Diese Woche vergeht noch langsamer als die vorige. Alfons befindet sich wie in einem Traum und versieht seinen Posten noch kümmerlicher als früher. Mißbilligend sieht der Chef auf ihn und schüttelt das Haupt. Bei der nächsten Gelegenheit wird er den Träumer entlassen, der keinen Geschäftssinn hat. Aber Alfons merkt nichts von dem Ungewitter, das sich über ihm zusammenzieht, sein Geist schwebt in höheren Regionen, er bekümmert sich jetzt nur um die Antwort auf die wichtige Frage: Wie kann ich mich am vorteilhaftesten meiner Zukünftigen vorstellen? Er probiert allerlei Positionen vor dem Spiegel, läuft alle Tage zum Friseur, läßt seinen guten Anzug aufbügeln und studiert ein geniales Lächeln ein.

Parfümiert, frisiert, rasiert eilt er am Montag zu Mutter Rénouard. Der würdige Diener läßt sich die vorgeschriebene Gebühr zahlen und schiebt ihn in das Probegemach. Dort wandelt er aufgespreizt wie ein Pfau umher und nimmt schließlich am Lehnstuhl eine vorher eingelernte Pose ein, in der er sich, so denkt er, am besten ausnimmt. Er weiß ja, sie blickt in diesem denkwürdigen Augenblick auf ihn herab.

Der würdige Diener, der im Flur vor der Thür stehen geblieben ist, hüstelt und zieht ihn endlich heraus. Alfons wäre sonst noch eine Stunde geblieben.

„Frau Rénouard wird Sie morgen abend empfangen."

Natürlich, morgen fällt die Entscheidung. —

Er hat sich für diesen wichtigen Augenblick etwas Mut angetrunken, vor seinen Augen schwimmt alles hin und her. Was wird sie sagen?

Der würdige Diener nimmt ihm auch diesmal die „Gebühr" ab; es ist die vierte. Vierzig Franken! Der Spaß ist gar nicht so billig, wie es zuerst aussah. Die silberhelle Glocke erklingt. Er verneigt sich vor der Mutter Rénouard, die in ihrem Fauteuil am Pulte thront und ihn mit gefalteter Stirn, mit ernstem und strengem Antlitz empfängt.

„Mein Herr," sagt sie, „es thut mir leid. Das Fräulein hat sich trotz meiner Fürsprache und Empfehlung ungünstig über Sie ausgesprochen. Sie ist nicht zu bewegen und reflektiert nicht auf eine Verbindung mit Ihnen. Vielleicht versuchen Sie es später noch einmal, ich werde Ihnen Nachricht zukommen lassen. Eine junge Erbin mit 400,000 Franken ist in Sicht."

Alfons steht wie niedergedonnert da, aus allen seinen Himmeln gestürzt, und starrt wortlos und fassungslos auf die Agentin.

Madame Rénouard klingelt und sagt würdevoll: „Jean, helfen Sie dem Herrn in seinen Paletot. Ich empfehle mich Ihnen."

Alfons meidet jetzt die Rue de Rambuteau und läßt sich vor seinem Freunde Felix nicht mehr sehen. Mutter Rénouard betreibt ihr Geschäft mit glänzendem Erfolge weiter. Nach wie vor spaziert das zu diesem Zweck auf eine Stunde täglich engagierte schöne Fräulein vor einem von denen auf und ab, die bekanntlich „nicht alle werden". Op.

Neue Erfindungen: I. Das Pianola. — Heutzutage giebt es in jeder halbwegs wohlhabenden Familie der Städtebewohner ein Piano, denn die Musikleidenschaft ist allenthalben größer als jemals vorher. Leider bringt es nicht jeder der Millionen Musikbeflissenen trotz langjähriger Studien zu einer genügenden Fertigkeit, um mit seinem Spiele der zuhörenden Menschheit Freude zu machen. Diesem Uebelstande will ein Erfinder im unmusikalischesten Lande der Erde, in England, wo man aber die Musik um so heftiger liebt, durch die Konstruktion eines Instrumentes ein Ende machen, das er „Pianola" genannt hat, und mit Hilfe dessen jedermann ohne Ausnahme ein Klaviervirtuose werden und die schwierigsten Stücke in vollendeter Weise vortragen kann. Das Pianola ist nämlich ein mechanisches Werk, im Aeußeren einem Harmonium ähnlich. Es wird mit dem geöffneten Klavier verbunden, dann setzt man einen aufgerollten, durchlochten Streifen von festem Papier ein, der nach Art der Pappscheiben und Pappstreifen für die zahlreichen schon bekannten mechanischen Musikwerke das betreffende Musikstück enthält, und setzt durch Treten der Pedale das Pianola in Bewegung. Der Papierstreifen läuft über Stifte, diese öffnen Klappen, die mit Bälgen in Verbindung stehen. Die ausströmende Luft wirkt auf eine Anzahl Hämmer, und diese endlich bearbeiten kunstgerecht die Tasten des Klaviers. Gewisse Vorrichtungen gestatten, die Stärke des Anschlags zu modifizieren, vom leisesten Piano bis

zum Fortissimo. Die Wirkung ist der eines von kunstgeübter
Hand gespielten Pianos sehr ähnlich, die Menge, sowie die Länge
der Musikstücke unbeschränkt. Ein einzelner Mensch kann mittels

Das Pianola.

des Pianola auch vierhändige Stücke auf dem Klavier spielen,
was sonderbar klingt, aber ganz natürlich ist, da die Menge der
angeschlagenen Tasten ja nur von der Zahl der Oeffnungen im
Notenstreifen abhängt. Hervorragende Musiker haben sich bereits

Mannigfaltiges.

über das Pianola sehr anerkennend ausgesprochen, doch kann die Hoffnung des Erfinders, daß es fortan keine Pianos, die schlecht oder gar nicht gespielt werden, mehr geben werde, erst in Erfüllung gehen, wenn der gegenwärtig noch sehr hohe Preis des Pianola (etwa 1400 Mark) so weit ermäßigt ist, um auch schwächeren Börsen die Anschaffung zu ermöglichen.   O. H.

II. **Verbesserungen der Monierbauweise.** — Das sogenannte Moniersystem ist eine neuerdings immer mehr mit bestem Erfolge zur Anwendung gelangende Bauweise, wobei die einzelnen Baukörper aus einem Eisengerippe mit Zementumhül-

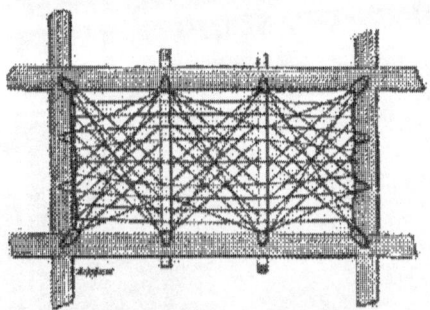

Konstruktion eines Fussbodens nach dem System Matrai.

lung bestehen. Man bildet aus 5 bis 25 Millimeter starkem Rundeisen ein weitmaschiges Gerippe und formt es, mit Zement umhüllt, zu ebenen und gekrümmten Platten, zu Füllkörpern, Trag- und Hohlkörpern, die sowohl den inneren wie den äußeren Druck aufnehmen. Grundsätzlich ist dabei das Eisen in solcher Lage und Stärke in den Zementkörper einzubetten, daß es die Zugspannungen aufzunehmen vermag, während dem druckfesten Zement die Druckspannungen zugewiesen werden. Man stellt gegenwärtig nach dem Moniersystem unter anderem her: Brücken und Wölbungen; Durchlässe, Tunnel, Kanäle und Röhren; Kappengewölbe in Fabriken und Speichern unter gleichzeitiger glutsicherer Ummantelung aller freibleibenden Eisenteile und Säulen; Platten zu Fußböden und Trottoirs; Wände, Füllermauern und Treppen.

Neuerdings sind nun verschiedene Verbesserungen und Abänderungen der Monierbauweise zur Anwendung gelangt, von denen hier die Methoden von Hennequin, Coignet, Collancin und Matrai namhaft gemacht seien. In besonders umfangreicher Weise wurde davon bei der Herstellung der Bauten für die letzte Pariser Weltausstellung Gebrauch gemacht, deren Errichtung binnen so kurzer Zeit sonst wohl kaum möglich gewesen sein würde. Dort wurde zum Beispiel der vielgenannte Riesenglobus nach dem System von Matrai, Professor am Budapester Polytechnikum, hergestellt, das sich vorzüglich bewährt hat. Seine Eigentümlichkeit besteht darin, daß an Stelle der starren Eisenstäbe biegsame Drähte treten, welche eine Art von Gitterwerk bilden zwischen den festen Teilen des Zimmerwerkes. Bei der Herstellung eines Fußbodens oder einer Zimmerdecke werden beispielsweise diese Drähte in der aus unserer Abbildung ersichtlichen Art angebracht; die einen senkrecht zum Balkenwerk, die anderen quer, alle aber, ohne straff angespannt zu sein. Ihre Anzahl und Stärke richtet sich nach der zu tragenden Belastung. Der Vorteil besteht darin, daß bei dieser Anordnung die Spannung stets genau die gleiche in allen Teilen des Gitterwerkes ist, und die Schwere der Belastung, welche ein solches Gerippe nach der Umhüllung mit Zement zu tragen vermag, ist eine ganz überraschend hohe. Fr. N.

III. **Kehrichtschaufel mit Staubfänger.** — Das Auffegen des Staubes und Schmutzes, der sich in Wohnräumen ansammelt, gehört an jedem Morgen zu den regelmäßigen Arbeiten in einem geordneten Hauswesen. Es ist nun, wie jeder Hausfrau bekannt, sehr lästig und unangenehm, daß der beim Auffegen des Kehrichts auf eine gewöhnliche Schaufel sich entwickelnde Staub im Zimmer wieder auffliegt, selbst wenn das Fegen noch so behutsam erfolgt. Dadurch wird nicht nur die Zimmerluft verschlechtert, sondern auch die Möbel u. s. w. leiden darunter. Vom hygieinischen wie auch vom praktischen Standpunkte aus verdient daher ein neuer Apparat, der diese Uebelstände beseitigt, warme Empfehlung. Die abgebildete neue Kehrichtschaufel aus starkem Weißblech, mit schwarzpoliertem Holzgriff versehen, ist hinten um ein Drittel verdeckt. Hierdurch wird der aufwirbelnde Staub sofort aufgefangen und wieder heruntergedrückt, so daß er also auf oder richtiger in der Schaufel bleiben muß.

Außerdem besitzt der Apparat am hinteren Ende eine starke Vertiefung, in die man den Kehricht gleich hineinfegen kann, ohne daß er von der Schaufel wieder herunterfällt. Dadurch spart man wesentlich an Zeit;

Kehrichtschaufel mit Staubfänger.

man braucht die Schaufel nicht fortwährend auszuleeren, sondern kann bequem sämtliche Zimmer hintereinander auffegen. E. M.

Die Liebesprobe. — In einer Nürnberger Chronik vom Jahre 1487 findet sich folgende ergötzliche Geschichte. Eine junge Frau, welche ihren Mann mit allen erdenklichen Kosenamen umschmeichelte, versicherte denselben täglich und stündlich ihrer unwandelbaren und treuen Liebe, und wie sie, wenn es von ihr gefordert würde, gern und freudig für ihn sterben wolle. In die letztere Versicherung setzte der Mann einigen Zweifel, und er beschloß, sich durch eine Probe zu vergewissern, ob der Opfermut seiner Frau wirklich zu diesem Heroismus hinanreiche.

Nach einigen Tagen stellte sich der Mann verdrießlich, und als die Frau ihn nach der Ursache seiner Traurigkeit fragte, gab er ausweichende Antworten, gestand dann endlich auf weiteres Drängen, wie ein böser Traum die Ursache seiner Betrübnis wäre. Den Traum selbst wollte er aber durchaus nicht mitteilen, und erst nach langem Bitten, Schmeicheln und Flehen erzählte er, der Todesengel sei ihm im Traume erschienen und habe ihm angekündigt, daß er an dem und dem Tage in der Nacht um zwölf Uhr sterben müßte; das werde ihm aus besonderer Gnade geoffenbart, damit er sein Haus bestellen könne. Diese Traumerscheinung sei ihm in der Samstagnacht geworden, und Samstagsträume gingen ja bekanntlich immer in Erfüllung. Wenn er sich nun auch vor dem Tode gerade nicht fürchte, so hätte er doch recht gern noch einige Jahre gelebt, um den alten Onkel zu beerben, welches Erbteil aber, wenn er vor dem Onkel zur Ewigkeit abberufen würde, für seine Familie verloren gehe. Wohl habe der Engel gesagt, er könne vor diesem frühen Tode nur dann bewahrt bleiben, wenn ein anderer Mensch bereit sei, für ihn zu sterben; aber ein solcher Mensch sei wohl nicht zu finden, und so müsse er morgen in der Nacht um zwölf Uhr sterben, denn dann komme der Todesengel, um ihn abzuholen.

Die junge Frau war sofort bereit, das reitende Opfer zu bringen, und unter Küssen und Liebkosen versicherte sie ihrem Mann, gern für ihn sterben zu wollen. Der Mann wollte zwar dieses Opfer durchaus nicht annehmen, aber sie ließ mit Bitten nicht nach, bis er einwilligte. Das Pärchen vereinbarte dann, daß morgen abend die Frau in ihres Mannes Bett, und dieser in der Nebenkammer sich zum Schlafe niederlegen sollte.

Wie vereinbart, so geschah es. Geduldig legte sich die Frau in das Bett des sicheren Todes, nachdem sie unter einem Thränenstrome Abschied von ihrem Manne genommen hatte, aber — einschlafen konnte sie nicht; es war doch auch gar zu traurig, gesunden Leibs und Seele, noch so jung und lebensfroh schon sterben müssen.

Mitternacht war da. Da erhob sich in der Kammer der Mann leise von seinem Lager, zog das weiße Bettlaken über sein Haupt, steckte die Füße in Pantoffeln und schlürfte so auf das Bett seines todesmutigen Weibchens los. Die Frau sieht den Todesengel nahen, sie schwitzt vor Angst fast Blut, und wie der Fürchterliche die Arme nach ihr ausstreckt, schreit sie schnell und laut: „Ach, lieber Tod, du irrst dich! Ich bin ja die Frau! Mein Mann liegt dort in der Kammer!" a. T.

Alles in Feld und Wald lebende Getier ist mit einem eigenartigen, scharf ausgeprägten Erkennungsvermögen ausgerüstet, wonach es den wirklich mordenden Raubfeind von dem weniger gefährlichen Feind mit großer Sicherheit unterscheidet. Gewahrt ein Tier seinen mordenden Erbfeind, so gerät es in eine namenlose Angst, Furcht und Bestürzung, auch wenn es diesen noch nie vorher gesehen hat. Stößt zum Beispiel ein Hase oder ein Reh auf einen des Weges kommenden Menschen, so werden beide Tiere allerdings die Flucht ergreifen, doch geschieht dieses weniger aus Angst und Furcht, als aus angeborener Scheu. Anders gestaltet sich der Vorgang, wenn das Reh einen Fuchs erblickt, oder wenn das Bellen eines Hundes an das Ohr des Hasen schlägt. Beide Tiere geraten in eine hochgradige Bestürzung und Angst, die sich durch das Zittern des Leibes, den beschleunigten Atem und das Aufreißen der Augen am deutlichsten abspiegelt. Denn der Fuchs ist der mordende Erbfeind von Hase und Reh, während bekanntlich „viele Hunde des Hasen Tod" sind.

Auch das unter dem Schutz des Menschen stehende Pferd, selbst wenn es noch nie zuvor einen Bären gesehen hat, erkennt sofort in „Meister Petz" seinen blutbürstigsten Raubfeind. Trifft ein Pferd mit einem an der Kette geführten, unschädlichen braunen Bären auf einer Straße zusammen, so scheut es entsetzt auf, um sofort heftig zitternd in Angstschweiß auszubrechen. Das Pferd befindet sich in einer entsetzlichen Furcht, die sich im Aufblähen der Nüstern, dem Schnauben nach Luft, den starren Blicken und anderen Zeichen einer tiefen Erregung äußert.

Das geduldige und sanfte Lamm, das noch nie einen Wolf gesehen, erhebt ein schauerliches Angstgeschrei, wenn es jenen heulen hört, um dann blindlings davonzurennen.

Diese berechtigte Angst ist nicht nur allein bei den Säugetieren, sondern auch bei allen Sing-, Wild- und Geflügelvögeln in noch schärferem Maße ausgeprägt. Die Furcht und Angst der auf dem Felde hausenden Vögel oder der im Hause gehaltenen Geflügelvögel ist um so begründeter, da sie dem scharfäugenden Räuber meist schutzlos gegenüberstehen.

Ein Bild dieser entsetzlichen Angst sehen wir in den Rebhühnern, die Winter und Sommer von den mordenden Feinden, den geflügelten Räubern, wie Habicht und Bussard, verfolgt werden.

Eine Kette Rebhühner zieht an einer Wegegrenze äsend entlang, wobei sie von Zeit zu Zeit ein lautes „Tschirrle — girhäk! — girhäk!" ertönen läßt. Urplötzlich erstirbt dieser Lockruf, um in einem unverständlichen, leisen Zischlaut zu enden, denn ein Habicht, ein mordender Feind, erscheint in Sicht. In ängstlicher Befangenheit schmiegen sich die Rebhühner platt gedrückt zur Erde oder in die weiche Schneedecke ein, um stundenlang in dieser Stellung zu bleiben. Kein Laut ertönt, und ebensowenig wagt ein Huhn in die naheſtehende, Schutz und Deckung gewährende Strauchhecke einzufliegen, wohl wiſſend, daß dieſer kurze Flug sein Leben koſtet.

Erſt wenn der Räuber abzieht und außer Sicht iſt, erheben ſich die Rebhühner aus der erdrückenden Beängſtigung, um im schnellen Fluge einer Strauchhecke zuzufliegen.

Auf dieſen Aufflug hat der liſtige, nur ſcheinbar abgezogene Räuber im Hinterhalt liegend gewartet, der nun mit verdoppelter Geſchwindigkeit auf die Hühner einfällt. Die wiederum verfolgten Rebhühner ſtoßen ängſtliche Klagetöne aus, die ſchaurig über die Ebene hallen. Je näher der nach Blut lechzende Räuber heranrückt, deſto ängſtlicher und verzweifelter ertönt der Ruf nach Hilfe. Einige dieſer Hühner ſind glücklich in ein Gebüſch eingefallen, während einige schwächere Tiere abgesprengt wurden.

In wilden Stößen fällt der Räuber auf eines der Rebhühner ein, das nunmehr den Tod vor Augen ſieht und ein durchbringendes Angſt- und Todesgeſchrei ausſtößt. Dieſer vom Rebhuhn ausgeſtoßene Todesſchrei iſt ſo ſchaurig-ängſtlicher Art, daß ſelbſt ein Laie, der ihn zum erſtenmal vernimmt, dieſen als den Schrei eines zu Tode gequälten Huhnes erkennt.

Je mehr das geängſtigte Huhn aufschreit, deſto morbgieriger ſtößt der Räuber auf ſein Opfer. Zwei bis drei Stöße genügen; dann ertönt das abgebrochene Röcheln des geschlagenen Huhnes. Der Räuber hat ſein Opfer ergriffen und schlägt dieſem die ſcharfe Waffe in den Leib, um ſich an dem rauchend-warmen Blute zu berauschen und darauf das arme Rebhuhn zu zerfleiſchen.

Ein intereſſantes Bild im Empfinden und Uebertragen der Angſt und Furcht bietet zuweilen das im Hofraume oder Garten Futter ſuchende oder gackernde Hühnervolk. Eine Hühnermutter, die mit ihren kleinen Küchlein im Hofe einen ſcharrenden und gluckſenden Spaziergang unternimmt, läßt plötzlich ein langgezogenes „Göööged" ertönen. Dieſer Warnungsruf wirkt wie

Mannigfaltiges.

ein elektrischer Schlag auf das Hühnervolk. Sämtliche Hühner springen auf und blinzeln nach den Wolken, wo ein Habicht sein Spiel treibt. Auch der Räuber hat das Hühnervolk eräugt und nähert sich demselben in beschleunigter Flugart.

Ob dieser Wahrnehmung fährt den Hühnern ein gewaltiger Schreck in die Glieder. Sie taumeln wie betrunken umher, erheben ein Zetergeschrei, als sitze ihnen der Räuber schon im Nacken, und rennen blindlings umher, ohne den nahen, offenen Stall zu finden.

Pfeilschnell schießt der gefürchtete Räuber hernieder. Zur selben Sekunde ertönt ein von allen Hühnern ausgestoßenes Schreck- und Angstgezeter, vermischt mit dem Todesschrei des geschlagenen Küchleins, und ebenso schnell ist der Räuber mit seiner Beute verschwunden.

Ueber dem Hühnervolke waltet Todesstille und Todesruhe. Kein Huhn wagt zu schreien, kein Hahn kräht, denn auf allen lastet wie ein Alp die entsetzliche Furcht. Dieses Furchtgefühl wird aber nicht allein von den allen Vögeln empfunden, sondern wird schon den kleinen Nestlingen in der Jugend eingeprägt. Dieses Einprägen der Scheu oder Furcht, sowohl vor Tieren wie Menschen, ist ein Problem, das auf einem physisch-seelischen Handeln beruht, dessen Bedeutung nur der zur Gattung gehörende Vogel versteht.

Nähert man sich einem Vogelnest, etwa einem Dohlenhorst, in dem sich Nestlinge befinden, so kann man diese, in Abwesenheit der Eltern, zwar nicht nur aus dem Neste nehmen, sondern sie auch recht schön füttern, ohne daß sie die geringste Furcht empfinden. Diese Furchtlosigkeit verschwindet jedoch sofort, wenn die Alten in Sicht kommen und am Nestorte die fremde Gestalt erblicken.

Unter ängstlichem Flattern umkreisen sie den Horst, wobei fortwährend krächzende Warnungsrufe ertönen, deren Ausführung die kleinen Nestlinge auch sofort befolgen. Denn während die Nestlinge noch wenige Minuten vorher das von Menschenhand gereichte Futter mit Heißhunger verzehrten, ducken sie sich jetzt sofort nieder, ziehen den Hals ein, schließen die Augen und verschmähen jedes weitere Futter. Solange der Warnungsruf der Eltern ertönt, so lange verbleiben sie in der größten Schweigsamkeit. Entfernt sich die Person vom Neste, so wird die junge Brut durch ein hell klingendes Gekrächze davon in Kenntnis gesetzt, worauf sie auch sofort den Schnabel aufreißen und sich in ungestümer Weise von den alten Dohlen füttern lassen.

Wie und auf welche Weise dieses Fürchten den jungen Vögeln eingeprägt wird, und wie sie es verstehen lernen, ist ein Geheimnis der Natur..   C. 64.

Die Brüder des Kaisers von China. — An Prinzen hat das „Reich der blumigen Mitte" durchaus keinen Mangel, denn es giebt dort nicht weniger als ungefähr 6000 anerkannte Prinzen verschiedener Grade. Neben den Vatersbrüdern des regierenden Kaisers Kuangsü stehen unter jener Schar von bezopften Fürstlichkeiten seine drei jüngeren Brüder im Range obenan. Der älteste von ihnen ist der achtzehnjährige Prinz Tschun, dann folgt der sechzehnjährige Prinz Tsaihsün und der dreizehnjährige Prinz Tsaitao. Sie statteten kürzlich in Begleitung des Herzogs Schuntscheng, des Generals z. D. Pintschang und Changyenmao der deutschen Gesandtschaft zu Peking einen Besuch ab, bei welcher Gelegenheit die interessante photographische Aufnahme gemacht wurde, die unsere Illustration wiedergiebt. In der vordersten Reihe stehen darauf von links nach rechts: Tsaitao, Schuntscheng, Tschun, Tsaihsün, Changyenmao (etwas zurück) und Legationssekretär v. Bohlen; in der mittleren: Pintschang, Feldmarschall Graf v. Walbersee, Gesandter Dr. Mumm v. Schwarzenstein, Legationsrat Freiherr von der Goltz und Leutnant Freiherr von der Goltz. In der hinteren Reihe: Dolmetsch Krebs, Leutnant v. Rauch, Hauptmann Wilberg, Dolmetsch Dr. Merklinghaus und Legationssekretär v. Bergen. Besonderes Interesse erregte bei allen Mitgliedern der deutschen Gesandtschaft der Prinz Tschun, dessen artige Manieren und sicheres, jedoch durchaus bescheidenes Auftreten in Verbindung mit seinem lebhaften Wesen den besten Eindruck machten. Sollte dieser Prinz, wie es hieß, mit der Führung der Entschuldigungsgesandtschaft beauftragt werden, die nach erfolgter Wiederherstellung der friedlichen Beziehungen zwischen Deutschland und China nach Berlin gehen soll, so würde die Dynastie des himmlischen Reiches bei

Die drei jüngeren Brüder des Kaisers von China mit ihren Begleitern bei einem
Besuche in der deutschen Gesandtschaft zu Peking.

diesem wichtigen Anlaß von einem Prinzen vertreten sein, der besser als irgend ein anderes Mitglied des Hofes für die mannigfachen sympathischen Eigenschaften zeugen könnte, die den vornehmen Mandschu und den gebildeten Chinesen überhaupt auszeichnen. Fr. R.

Ein lustiger Geschäftsmann. — In dem amerikanischen Staate Dakota, in einem kleinen, hinterwäldlerischen Städtchen, brach eines Tages in dem Laden eines Leinwandhändlers Feuer aus. Die Feuersbrunst wurde gelöscht, und das war ein Glück, denn die ganze Stadt, die aus Holz gebaut war, wäre sonst vielleicht dem Feuer zum Opfer gefallen. Schließlich entdeckte man, daß der Ladenbesitzer das Feuer selbst angelegt habe. Man verhaftete ihn, und er gestand, daß er in der That zum Brandstifter geworden sei, um die Versicherungssumme herauszuschlagen. Die Nachricht von diesem Geständnis drang in die Oeffentlichkeit, und die Hinterwäldler verstanden keinen Spaß. Sie stürmten das Gefängnis, holten den Brandstifter heraus und hingen ihn an einen Laternenpfahl. Die Polizei kam aber noch im letzten Augenblick hinzu, schnitt den Gehängten ab, trug ihn nach dem Gefängnis zurück, und es gelang, den Brandstifter wieder ins Leben zurückzurufen. Man machte ihm den Prozeß, und er wurde zu fünf Jahren Zuchthaus verurteilt. Als er seine Strafe abgebüßt hatte, kehrte er nach der Stadt, die sich unterdes großartig entwickelt hatte, zurück. Aber er kam nicht beschämt, erdrückt von dem Gefühl der Schande und bescheiden nach seinem Heimatsorte zurück, sondern er zog auf einem Triumphwagen ein, der prachtvoll dekoriert war und auf dem eine starke Musikbande paukte und blies. Ganz oben an der Spitze des Wagens war eine Stange befestigt, und hier sah man auf purpurnem Hintergrunde einen Halskragen angeheftet. Unter diesem aber prangte die Inschrift: „Der Lebensretterkragen, aus vierfacher Leinwand gearbeitet. Ich trug ihn, als ich gelyncht und gehängt wurde; er rettete mir mein Leben. Wer klug ist, kauft die Fasson ‚Lebensretter'."

So zog der smarte Geschäftsmann durch die ganze Stadt, und als er einige Stunden später sein Leinwandgeschäft wieder eröffnete, hatte die Art seiner Reklame seinen braven Mitbürgern so imponiert, daß sie ständige Kunden des Buchhändlers wurden, und er ein glänzendes Geschäft machte. **K. O. Al.**

Die Booksbeutelei. — Unter der Bezeichnung „Booksbeutel" und „Booksbeutelei" verstand man und versteht man vielfach noch hie und da, besonders in Norddeutschland, das starre, eigensinnige Festhalten an mehr oder weniger unsinnigen Sitten und Gebräuchen, die im Verlaufe der Zeit nach den Begriffen verständiger Menschen zu Lächerlichkeiten geworden sind. Aus „Bool", dem alten niederdeutschen Worte für „Buch", ist der sonderbare Ausdruck entstanden. In alter Zeit pflegten nämlich die Damen, wenn sie Sonntags in die Kirche gingen, ihr Gebet- und Gesangbuch in einem Beutelchen oder Handtäschchen mitzubringen.

Zuerst waren diese Beutelchen nur aus einfachem, meist schwarzgrauem Stoffe angefertigt; dann aber ließ plötzlich in einer großen norddeutschen See- und Handelsstadt eine neuerungssüchtige Dame sich einen solchen Beutel aus dem feinsten und teuersten schwarzen Sammet machen und ihn noch dazu mit schwerem grauen Atlas ausfüttern. Es erregte viel Aufsehen, als sie damit in der Kirche erschien, und die rasche Folge davon war, daß notwendigerweise nunmehr auch die anderen Damen solche seidengefütterte Sammetbeutel haben mußten, wie es ja gewöhnlich bei neuen Moden so der Fall ist.

Die erfindungsreiche Dame freute sich zuerst darüber, dann aber versuchte sie wiederum ihre Mitbürgerinnen in Bezug auf den „Booksbeutel" zu übertrumpfen. Sie war die Witwe eines reichen Kaufmannes und besaß viele Gold- und Silbersachen, sowie auch Juwelenschmuck. Leider aber entstammte sie keinem Patriziergeschlechte, sondern war nur eine einfache Bürgerstochter, und ihr seliger Ehemann hatte nicht zu den Senatoren oder anderen Stadtgewaltigen gehört. Es gab damals Aufwandsgesetze, welche es den Frauen und Töchtern der Bürger untersagten, sich auf übermäßige Art mit Juwelen und dergleichen Kleinodien zu behängen. Solcher Beschränkung waren die weiblichen Angehörigen der Patrizier nicht oder doch nicht in demselben Grade unterworfen.

Die eitle Kaufmannswitwe wußte sich jedoch zu helfen. War

es ihr verboten, sich selbst mit allen ihren Juwelen zu schmücken, so bezog sie doch das strenge Aufwandsgesetz nicht auch auf ihren Buchbeutel. Diesen ließ sie also auf zierliche und geschmackvolle Art mit reicher Perlen-, Edelstein- und Goldstickerei versehen und übertrumpfte damit richtig abermals alle anderen Damen, welche darüber in begreifliche hohe Aufregung gerieten. Diejenigen, welche die nötigen Mittel dazu besaßen oder aufzutreiben wußten, beschlossen, das Beispiel der Witwe zu befolgen; alle die aber, welche darauf Verzicht leisten mußten, vergingen fast vor Neid und Verdruß.

Auch die drei Töchter des regierenden Herrn Bürgermeisters kamen ganz außer sich über das neueste wichtige Modeereignis aus der Kirche nach Hause.

„Na, was fehlt euch denn eigentlich?" fragte der gestrenge Papa.

„Wir müssen notwendig neue Booksbeutel haben, Vater!" riefen sie wie aus einem Munde.

„Was?" rief er. „Vor kurzem erst habt ihr schöne atlasgefütterte Sammetbeutel erhalten, und jetzt —"

„Die genügen nicht mehr! Es müssen goldgestickte, mit Perlen und Edelgestein verzierte Beutel sein."

„Ei der Tausend! Was mögen denn wohl solche Beutel kosten?"

„Erschrick nur nicht darüber, Papa! Die Dame, welche mit der neuen Mode den Anfang gemacht hat, sagt, daß ihr neuer Booksbeutel über tausend Thaler wert sei."

„Das ist ja unerhört! Ihr verlangt doch wohl nicht, daß ich solche teure Booksbeutel auch für euch beschaffe?"

„Ich muß jedenfalls einen haben," sagte die älteste Tochter.

„Ich auch," versicherte die zweite.

„Ich nicht weniger!" rief die dritte und jüngste.

Dabei begannen sie alle drei herzbrechend zu schluchzen.

„Nun, beruhigt euch nur," sagte der gestrenge Herr gerührt. „Ich will's versuchen, eure Gemüter von der Sorge zu befreien. Als Bürgermeister und als Vater halte ich das für meine ernste Pflicht."

„Du beabsichtigst, uns solche kostbare Booksbeutel zu schenken?" fragten hoffnungsfroh die drei.

Mannigfaltiges.

Lächelnd schüttelte er den Kopf und sprach: „Nein, gewiß nicht. Ich meine es anders. Sorgen will ich dafür, daß schleunigst zu dem für unsere gute Stadt gültigen Kleideraufwandsgesetz ein Nachtragsverbot erlassen werde, welches sich auf derartige mit Gold, Perlen und Edelsteinen verzierte Bootsbeutel bezieht. Sammelbeutel einfacher Art sollen nach wie vor erlaubt sein; darüber hinaus aber soll kein Bootsbeutelluxus von unseren Damen getrieben werden. Verstanden? Also getröstet euch nur kurze Zeit, meine Lieben!"

Der Bürgermeister berief zu einer schleunigen außerordentlichen Sitzung die Senatoren und die anderen Ratsmitglieder. Einstimmig billigten die weisen Herren — für welche ja, da sie selbst verheiratet und mit Töchtern gesegnet, auch gleiche Sparsamkeitsrücksichten in Frage kamen — den vernünftigen Antrag, und der Beschluß wurde zum Gesetz, daß fortan kein übertriebener Luxus mit Bootsbeuteln getrieben werden dürfe. Die reiche Witwe mußte zu ihrem größten Verdrusse die Perlen-, Edelstein- und Goldstickerei von ihrem Bootsbeutel wieder abtrennen lassen, und diese sonderbare Art von Bootsbeutelei hatte damit ein Ende.   F. L.

Richard III. im Manöver. — Im Jahre 1767 fand in der Nähe von London ein großes Truppenmanöver vor König Georg III. und dessen zahlreichem glänzenden Gefolge statt. Viele tausend Londoner eilten zu Fuß, zu Pferde und zu Wagen hinaus zu diesem militärischen Schauspiel, unter ihnen auch David Garrick, der berühmte Schauspieler und Theaterdirektor, der zu solchem Behufe einen alten störrigen Reitklepper bestiegen hatte. Er gelangte glücklich damit in die Nähe des Königs, wurde auch von diesem bemerkt, und seine respektvolle Verneigung durch ein herablassendes leichtes Kopfnicken huldvoll erwidert. Da donnerten plötzlich die sämtlichen Kanonen einer nahebei postierten Feldbatterie eine Salve. Garricks Pferd wurde darüber scheu, machte einen Sprung, bäumte sich und warf seinen Reiter ab ins weiche Heidekraut, worauf es querfeldein davonlief, aber rasch von einigen Dragonern eingefangen wurde. Ein größeres Publikum hatte Garrick noch bei keiner Darstellung gehabt. Hunderttausend und mehr Menschen brachen bei seinem etwas komisch aussehen-

ben Mißgeſchick in ſchallendes Gelächter aus. Der Künſtler aber
erhob ſich, nahm mit raſcher Geiſtesgegenwart die Haltung
Richards III. an und rief, wie er ſo oft gerufen auf der Bühne
in der Scene, welche die Schlacht bei Bosworth darſtellt: „Ein
Pferd! ein Pferd! mein Königreich für'n Pferd!"
Da klatſchten die Leute begeiſtert in die Hände und ſchrieen:
„Bravo! Hoch lebe Garrick!"
Georg III. ſagte in gnädiger Laune lächelnd: „Laßt ihn
nicht wieder auf den alten furchtſamen Gaul ſteigen! Es wäre
ſchade um ihn und auch um Englands theatraliſche herrliche
Kunſt, wenn er etwa bei einem zweiten derartigen Purzelbaum
den Hals brechen müßte. Bringt ihm eines von meinen gut
zugerittenen däniſchen Pferden."

Dem Befehle des Königs wurde alsbald Folge geleiſtet, und
dem berühmten Künſtler ein prächtig aufgezäumter Schimmel,
ein durchaus zuverläſſiges Tier, zugeführt, eine für Garrick ſehr
ſchmeichelhafte Auszeichnung, welcher er denn auch alle Ehre zu
machen ſich bemühte. Richard III. brauchte an dieſem ſchönen
Manövertage nicht zum zweitenmal nach einem Pferde zu
rufen. J. K.

Zeichen der Zivilſation. — Warum unſeren ſchwarzen Men-
ſchenbrüdern gerade der Frack, der Cylinder und der Regenſchirm
als höchſte Zeichen der Zivilifation erſcheinen, iſt ein Geheimnis,
das noch kein Ethnograph und kein Pſychologe ergründet hat.
Aber es bleibt eine Thatſache: der Schwarze erſtrebt, kaum daß
er mit der europäiſchen Zivilifation in Berührung gekommen iſt,
nichts ſo heiß, als den Beſitz dieſer Gegenſtände, die ihn nach
ſeiner Meinung ſofort zu einem Gentleman machen. Auf den
Inſeln der Südſee laſſen ſich die Schwarzen von den Miſſionaren oft nur belehren, um einen dieſer „Fetiſche" zu erlangen.
Für einen alten Frack oder Cylinder ſind ſie im ſtande, monate-
lang einen von den Miſſionaren kaum zu zügelnden frommen
Eifer zu entwickeln. Unſere höchſt originelle Photographie zeigt
einen Eingeborenen des engliſchen Teils der Salomonsinſeln,
der ſeine menſchenfreſſeriſchen Sitten aufgegeben hat, um Chriſt
zu werden. Es iſt ihm gelungen: er beſitzt einen Frack, einen
Cylinder und einen Regenſchirm. Angethan damit, die Bibel in

der Hand, begiebt er sich jetzt zurück ins Innere der Wälder. Er will als Missionar unter seinen Genossen wirken und kommt sich höchst majestätisch und ehrfurchtgebietend vor. Aber ach, die

Ein schwarzer Missionar.

englischen Missionare kennen den Ausgang. Wenn die äußeren „Zeichen der Zivilisation" dahin sind, dann pflegt meist auch das bißchen angelernte Christentum verloren gegangen zu sein, und der „schwarze Missionar" verzehrt wieder im Kampfe erschlagene Feinde mit demselben Behagen wie seine unbefrackten Genossen. Auch auf den Salomonsinseln liegt das Lächerliche und das Furchtbare dicht bei einander, wie überall auf der Erde. F. J.

Ein seltsames Korrespondenzmittel. — Im Besitze eines Kuriositätensammlers in Paris, der bedeutende Summen ausgiebt, um besonders interessante Banknoten aus aller Herren Länder zu erhalten, befindet sich eine englische Fünfpfundnote, an welche sich folgende Geschichte knüpft. Diese Note wurde 1823 auf einem Handelscomptoir zu Liverpool in Zahlung gegeben, und der Besitzer der Firma, der sie in Empfang nahm, bemerkte, als er die Note gegen das Licht hielt, um ihre Echtheit zu prüfen, einige blaßrote Zeichen auf derselben, welche sich bei näherer Untersuchung als halbverwischte Buchstaben herausstellten, welche zwischen die gedruckten Zeilen und auf das weißgebliebene Papier geschrieben waren. Nach unsäglicher Mühe gelang es, folgendes zu entziffern: „Wenn diese Note in die Hände von John Dean in Carlisle kommen sollte, so mag er aus diesen Zeilen entnehmen, daß sein Bruder in Algier in Sklaverei schmachtet." — Genanntem Dean wurde Mitteilung von dieser Entdeckung gemacht, und er rief sofort die Hilfe der Regierung an, um seinen Bruder befreien zu helfen, der bereits seit zehn Jahren für verschollen galt, als sein sonderbarer Brief endlich an die richtige Adresse kam. Es glückte seinem Bruder mit Hilfe der englischen Behörden, ihn gegen Erlegung eines Lösegelds frei zu machen und nach England zurückzubringen. E. A.

Geschäftliches Unglück einer großen Sängerin. — Adeline Patti, die gefeierte Diva, wurde einmal in Paris eingeladen, in dem Salon eines vornehmen Hauses bei Gelegenheit einer Abendgesellschaft einige Arien vorzutragen, und erntete an jenem Abend ungeheuren Beifall. Am folgenden Morgen erhielt die Sängerin von seiten des Gastgebers ein Etui mit einem Paar prachtvoller Brillantohrringe zugeschickt, deren Wert sich auf mindestens 6000 Franken belief. Das Geschenk gefiel ihr wohl recht gut, allein sie beging die große Ungeschicklichkeit, dem splendiden Geber ein Dankbillet zu schreiben, welches sie mit einem kleinen Postskriptum endigte, worin sie erwähnte, der geehrte Herr habe wohl vergessen, ihr die kleine Summe von

3000 Franken zu übersenden, den gewöhnlichen Preis, wenn sie in einer Gesellschaft singe. Der Herr wußte die Unbescheidenheit der Sängerin in der klügsten Weise zu strafen; er ging zu seinem Juwelier und kaufte ein Paar andere Ohrringe zum Preise von etwa 300 Franken, fügte die von der Sängerin beanspruchte Geldsumme hinzu und übergab alles zusammen seinem Sekretär, der sich zur Patti verfügte, es als einen Irrtum seinerseits bezeichnete, ihr die Brillantohrringe übergeben zu haben, diese seien für eine andere Dame bestimmt gewesen; das ihr von seinem Herrn zugedachte Geschenk sei hier dem Honorar beigefügt. Die Diva begriff zu spät ihren Fehler und übergab sehr verlegen dem Sekretär die schönen Brillanten.

Ein anderes Mal wurde sie zugleich in ihrer Eigenliebe verletzt. Eine russische Fürstin gab eine glänzende Soiree, wobei die Patti singen sollte. Diese sagte zu, bedang sich jedoch den Preis von 5000 Franken dafür, worauf die Fürstin auch einging. Da meinte die Sängerin, dies sei am Ende zu wenig verlangt, und so schrieb sie am Tage vor der Soiree ein Billet an die Fürstin, worin sie ihr meldete, sie sei leider etwas unwohl geworden und werde nicht singen können. Sie war fest davon überzeugt, die Fürstin werde sofort zu ihr eilen und ihr mit inständigen Bitten 6000 Franken bieten, damit sie nur singe, worauf sie nachgeben wollte. Aber die Sache kam anders. Die Fürstin fuhr nicht zur Patti, sondern zu einer anderen Sängerin, Madame Carvalho, der sie ihr Leid klagte und sie bat, die Stelle Adelinas auszufüllen. Madame Carvalho war dazu bereit, obgleich die Zeit der Vorbereitung sehr kurz war. Sie bat jedoch, ihr nun auch den gleichen Preis zu bewilligen, und fügte mit feinem Lächeln hinzu: „Wären Sie zuerst zu mir gekommen, so hätten Sie es viel wohlfeiler gehabt." — Als nun die Patti sah, daß die Fürstin nicht kam, wurde ihr bange. Sie schrieb schnell, sie habe sich wieder erholt und wolle am Abend singen. Darauf erhielt sie indessen die Antwort, die Fürstin habe nun bereits Madame Carvalho engagiert; wolle sie aber kommen, so werde sie sehr willkommen sein, indessen nur als Gast. Jetzt weinte die Sängerin vor Zorn und gekränkter

Eitelkeit. Sie war außer sich; Madame Carvalho sang aber so schön, daß niemand in der Gesellschaft die Patti vermißte. C. R.

Die Hundeheilmethode. — Bei Buffon († 1788) lesen wir darüber folgendes: „Der jungen Hunde pflegen sich viele Leute statt äußerer Arzneimittel zu bedienen. Menschen, die mit einer Kolik von Erkältung geplagt werden, wissen, durch Auflegung eines lebenden jungen Hundes auf den Leib, sich bald von diesem schmerzhaften Uebel zu befreien, weil sie durch sanfte natürliche Wärme dieser gefälligen Tierchen allmählich die Folgen einer plötzlichen Erkältung am sichersten vertreiben." Und ferner: „Es hat Podagristen gegeben, welche durch das Lecken junger schmeichelnder Hunde von ihren Schmerzen befreit worden. Das schlimmste hierbei war, daß ihre gefälligen Aerzte das Uebel gemeiniglich selbst erbten und ihre Dienstfertigkeit endlich mit dem Leben bezahlen mußten. Wenigstens führt Herr v. Linné einen gewissen Herrn Aschelin in Schweden an, der auf solche Art und mit so schlimmem Erfolg für den Hund von seinem Podagra befreit worden." Und ähnliche Mittel gab es damals noch viele. J. D.

Auch eine Werbung. — Die Frauen finden sich bekanntlich von der männlichen Kraft besonders angezogen. Im Mittelalter war jedoch die Kraft von etwas derber Aeußerung derselben nicht zu trennen. Bekannt ist's, daß Artemhilde offen gestehl, wie Siegfried sie weidlich durchgebläut habe, und ein ähnliches Beispiel hat die Geschichte von Mathilde, der Gemahlin Wilhelms des Eroberers, aufbewahrt. Als sie noch sehr jung war, warb Wilhelm um ihre Hand. Sie erklärte jedoch kurz und bündig, sie würde einen Menschen wie ihn nicht heiraten. Wilhelm, auf das empfindlichste beleidigt, jung und unternehmend wie er war, lauerte ihr auf, da sie aus der Kirche kam, zerrte sie an ihren langen Zöpfen hin und her, gab ihr Faustschläge und Fußtritte und ritt dann eilig davon. Mathilde kam beschämt und weinend zu ihrem Vater und erklärte demselben, sie wolle nie einen anderen Mann heiraten als eben den Wilhelm, der sie so wacker durchgebläut hatte. Th.

Die getäuschten Erben. — Kurz vor seinem Tode bat der reiche alte Lord Beresford alle seine Verwandten, die schon längst auf die Erbschaft warteten, zu sich, und als alle mit mehr oder weniger betrübten Gesichtern sein Bett umstanden, klingelte er, und sein Kammerdiener führte einen Notar herein, den der Alte seinen Verwandten als seinen Testamentsvollstrecker vorstellte. Dann forderte er den Advokaten auf, ein Schriftstück aufzusetzen, in dem alle Anwesenden erhärteten, daß sie den Erblasser für geistig vollständig normal und zurechnungsfähig hielten. Nachdem alle Verwandten unter dieses Schriftstück ihre Unterschrift gesetzt hatten, wurden sie mit einem dankbaren Händedruck entlassen. — Wenige Tage darauf starb der Alte. Nach dem Begräbnis durchsuchten die Erben den Schreibtisch des Verstorbenen und fanden ein Testament aus dem Jahre 1875, worin der Testator sein ganzes großes Vermögen einer öffentlichen Irrenanstalt vermacht hatte. Hatten sich die Erben vor Auffindung des Testaments, als alle noch zweifelhaft waren, wer von ihnen den größten Bissen der fetten Erbschaft erschnappen würde, gegenseitig mit mißtrauischen Blicken beobachtet, so herrschte jetzt, als ihnen alles entrissen werden sollte, eine seltene Einmütigkeit. Alle Beteiligten, ohne Ausnahme, waren jetzt der festen Ueberzeugung, daß, war der Alte bei seinem Tode auch im vollen Besitze seiner Geisteskräfte gewesen, er doch im Jahre 1875, als das Testament abgefaßt worden war, sicherlich verrückt gewesen sei, wie nur ein Mensch sein konnte. Diese Behauptung machten sie auch vor Gericht geltend und sparten keine Kosten, um Zeugen aus dem Jahre 1875, die diese Behauptung bekräftigen sollten, herbeizuschaffen. Der Tag der Verhandlung kam heran. In geschlossener Kolonne mit zwei der berühmtesten und teuersten Advokaten von ganz London an der Spitze und mehreren Zeugen als schweres Geschütz in der Mitte rückten die Verwandten an. Aber kaum hatte der Vorsitzende des Gerichts die Verhandlung eröffnet, als der Testamentsvollstrecker, der seiner Zeit die Erklärung der Verwandten zu Protokoll genommen hatte, sich erhob und ein Testament vorlegte, das an demselben Tage eine halbe Stunde vor der Scene am Sterbebette des Alten verfaßt und unterzeichnet worden war und genau denselben Wortlaut hatte wie das aus dem Jahre 1875, nur mit dem Zusatz, daß dieses Testament erst vorgelegt werden sollte, wenn man versuchen würde, das aus dem Jahre 1875

Der dekorierte Hanswurst. — Viktor Emanuel II., der erste König von Italien, wollte einst dem Schauspieler Antonio Petito, der ihm als Komiker sehr gut gefallen hatte, einen Orden verleihen.

Der Hofmarschall machte Gegenvorstellungen. „Majestät werden doch nicht einen Hanswurst dekorieren wollen! Bedenken doch Eure Majestät das Aufsehen, das eine derartige Auszeichnung erregen wird!"

„Aufsehen!" sagte der König, sah seinen ordengeschmückten Beamten lächelnd an und strich seinen gewaltigen Schnurrbart. „Warum soll das Aufsehen erregen? Ist doch der Antonio Petito nicht der erste Hanswurst, dem ich einen Orden gebe!" D.

Adler Fahrräder

Adler Motorwagen
und
Schnell-Schreibmaschinen
in vollendetster Ausführung!

Adler Fahrradwerke
vorm. Heinrich Kleyer
Frankfurt a/M.

Vielfach prämiiert mit „höchsten" Auszeichnungen.

Patentiert in allen Kulturstaaten.

Grösste Leistungsfähigkeit.

Unmittelbar sichtbare Schrift.

Stärkste Durchschlagskraft.

für ungültig erklären zu lassen. Der Alte hatte die Gesinnung seiner Verwandten im voraus genau erkannt, und diese brauchten nun zu den Kosten, die sie sich gemacht hatten, auch für Spott nicht zu sorgen. W. St.

Ein verhängnisvoller Irrtum. — Die Erbitterung Napoleons auf den Herzog von Enghien, den er bekanntlich in Ettenheim aufheben und in Vincennes erschießen ließ, erhöhte erst der Umstand, daß ihm das Gerücht zu Ohren gekommen war, Dumouriez, der Feind Frankreichs, weile bei ihm. Daß beide ein heimliches Komplott gegen ihn schmiedeten, glaubte er sicher annehmen zu dürfen. Desto bestimmter lautete deshalb sein Befehl, sich unverzüglich des Herzogs und Dumouriez' zu bemächtigen. Er war aber getäuscht worden, man hatte wegen der Aehnlichkeit der Aussprache einen anderen für Dumouriez gehalten. Denn nicht dieser, sondern der General Thumery hielt sich beim Herzog von Enghien auf. Der Befehl wurde aber trotzdem in seiner ganzen Furchtbarkeit vollzogen. D.

Der dekorierte Hanswurst. — Viktor Emanuel II., der erste König von Italien, wollte einst dem Schauspieler Antonio Petito, der ihm als Komiker sehr gut gefallen hatte, einen Orden verleihen.

Der Hofmarschall machte Gegenvorstellungen. „Majestät werden doch nicht einen Hanswurst dekorieren wollen! Bedenken doch Eure Majestät das Aufsehen, das eine derartige Auszeichnung erregen wird!"

„Aufsehen?" sagte der König, sah seinen ordengeschmückten Beamten lächelnd an und strich seinen gewaltigen Schnurrbart. „Warum soll das Aufsehen erregen? Ist doch der Antonio Petito nicht der erste Hanswurst, dem ich einen Orden gebe!" D.

www.ingramcontent.com/pod-product-compliance
Lightning Source LLC
Chambersburg PA
CBHW031744230426
43669CB00007B/472